GESTÃO DE DESEMPENHO:
julgamento ou diálogo?

GESTÃO DE DESEMPENHO: julgamento ou diálogo?

Vera Lúcia de Souza

FGV
EDITORA

ISBN — 85-225-0370-2

Copyright © Vera Lúcia de Souza

Direitos desta edição reservados à
EDITORA FGV
Rua Jornalista Orlando Dantas, 37
22231-010 — Rio de Janeiro, RJ — Brasil
Tels.: 0800-021-7777 — 21-3799-4427
Fax: 21-3799-4430
e-mail: editora@fgv.br — pedidoseditora@fgv.br
web site: www.editora.fgv.br

Impresso no Brasil / *Printed in Brazil*

Todos os direitos reservados. A reprodução não autorizada desta publicação, no todo ou em parte, constitui violação do copyright (Lei nº 9.610/98).

Os conceitos emitidos neste livro são de inteira responsabilidade da autora.

1ª edição — 2002; 2ª edição — 2003; 3ª edição — 2005; 4ª edição — 2006
1ª e 2ª reimpressões — 2007; 3ª reimpressão — 2008; 4ª reimpressão — 2009;
5ª reimpressão — 2012; 6ª reimpressão — 2014; 7ª reimpressão — 2016.

REVISÃO DE ORIGINAIS: Maria Lucia Leão Velloso de Magalhães

EDITORAÇÃO ELETRÔNICA: Cálamo

REVISÃO: Fatima Caroni e Sandra Pássaro

CAPA: Ricardo Bouillet e Sergio de Carvalho Filgueiras

Ficha catalográfica elaborada pela Biblioteca
Mario Henrique Simonsen/FGV

Souza, Vera Lúcia de
    Gestão de desempenho : julgamento ou diálogo? / Vera Lúcia de Souza. — 4 ed. — Rio de Janeiro : Editora FGV, 2006.
    84p.

    Inclui bibliografia.

    1. Administração de recursos humanos. 2. Administração de pessoal. I. Fundação Getulio Vargas. II. Título.

CDD — 658.3

Ao meu pai (*in memoriam*) e à minha mãe
pelo incansável apoio aos meus voos pelos mistérios do pensar.

À minha filha,
pelo tempo roubado da sua companhia,
pela ausência em momentos importantes do seu desabrochar.

À Amaryllis, mestra de psicologia e filosofia para sempre,
pelo estímulo à busca da lucidez e da coragem
para enfrentar viagens pelo vertiginoso exercício do pensar.

Aos Amigos, interlocutores incansáveis,
que encorajaram o enfrentamento dos obstáculos
porque compreenderam a importância deste projeto pessoal
e ofereceram afeto nos momentos necessários.

Sumário

Agradecimentos — *9*

Para início de conversa... — *11*

Introdução — *15*

Capítulo 1
"Humano demasiadamente humano" — *19*

Capítulo 2
Desempenho competitivo: uma exigência do atual contexto de negócios — *23*

Capítulo 3
A força do mecanicismo: um obstáculo à transformação de pessoas em fontes de vantagem competitiva — *29*

Capítulo 4
Resgate da dignidade do homem: um compromisso da gestão de resultados — *33*

Capítulo 5
Avanços na gestão de resultados: um desafio da liderança — *39*

Capítulo 6
Pesquisa, um olhar para a realidade — *55*

Capítulo 7
Julgamento ou diálogo? — *61*

Referências bibliográficas — *79*

Agradecimentos

Sonho que se sonha só é sonho
Sonho que se sonha junto é realidade.
Dom Quixote

Às pessoas com quem, ao longo da vida, compartilhei crenças sobre a possibilidade de uma gestão de resultados humanizada, por considerar o ser humano mais importante do que o capital. A fecundidade dos diálogos que entabulei com vocês permitiu a concretização deste livro — um sonho há muito acalentado. Eles amadureceram ideias e possibilitaram encontros autênticos. Sinceramente grata!

À EBAPE, da Fundação Getulio Vargas — ambiente acadêmico que estimulou o aprofundamento de conhecimentos —, principalmente ao prof. Paulo Motta, orientador da dissertação do mestrado que deu origem a este livro, pela liberdade do pensar, e ao prof. Enrique Saravia, co-orientador, pela generosidade e pelo estímulo nas horas difíceis. Aos meus alunos — atuais e de outros tempos —, por instigarem a expansão de novos conhecimentos. Às críticas e sugestões da Sheila que extrapolaram um trabalho de revisão. À Editora FGV pela confiança. À Ponte S.A. pelo acesso às informações que viabilizaram a pesquisa de campo.

Para início de conversa...

Este livro nasceu do desejo de compartilhar reflexões e descobertas relativas à avaliação do desempenho humano em organizações. As reflexões são fruto da experiência adquirida ao longo de minha trajetória profissional, cuja maior parte foi profundamente afetada pelos desafios que esse instrumento de gestão impõe. E as descobertas resultaram da pesquisa que realizei para fundamentar o desenvolvimento de minha dissertação de mestrado em administração pública, concluído em 2000 na EBAPE/FGV. Achei que essa conversa poderia ser interessante para outras pessoas também.

A experiência prática por mim adquirida a partir de 1977 — ano em que assumi meu primeiro cargo de gerência e passei a enfrentar os desafios inerentes ao gerenciamento de pessoas — e os estudos decorrentes da ânsia em aprofundar conhecimentos nessa área plantaram sementes profissionais que desabrocharam em múltiplas facetas.

A mais importante, sem dúvida, foi o desenvolvimento de uma postura empenhada em inventar caminhos para avaliar o desempenho humano com justiça e transparência. Postura insistente, é preciso que se diga, o que de modo algum significa teimosia. Antes explicita uma crença firme, nascida da consciência de que, no atual contexto de negócios — profundamente marcado pela competitividade —, urge resgatar a dignidade das pessoas nos ambientes empresariais.

Apesar de o tema capital humano estar atualmente no centro dos debates, é notória a desconsideração do elemento humano em algumas práticas de avaliação de resultados. De modo geral, a maioria das empresas contemporâneas adota métodos que enfatizam perspectivas de análises exclusivamente quantitativas, apoiadas em conceitos econômicos tradicionais, provavelmente em face da necessidade de controlar a variabilidade e a imprevisibilidade — desejo, aliás, presente no homem desde os tempos pré-socráticos. Em consequência, no tocante ao gerenciamento de pessoal, vêm predominando posturas empresariais tradicionais caracterizadas pela despreocupação com o bem-estar das pessoas. Em outras palavras, tais empresas, por não perceberem que o homem é o único elemento capaz de agregar valor ao seu negócio, tornam-se alheias à questão mais importante do comprometimento com resultados — a satisfação das pessoas com o trabalho.

A carreira de docente é outra semente plantada pela experiência profissional. Iniciada há mais de 20 anos, está voltada para o desenvolvimento de competências gerenciais, principalmente as vinculadas ao gerenciamento de pessoas e equipes. E o que é muito importante, tem sido fortalecida pelo compromisso pessoal que assumi ante a crescente demanda por resultados competitivos. Posso dizer que, atualmente, meu compromisso maior em salas de aula tem sido estimular o enfrentamento do desafio de tornar realidade sistemas de desempenho mais participativos, menos alienantes, mais éticos, mais focados na busca da excelência de resultados. O desejo de compartilhar experiências e conhecimentos — adquiridos com os sucessos e os fracassos gerenciais experimentados nas tentativas de desenhar e implantar sistemas dessa natureza — tem motivado minha presença nesse espaço profissional. Este foi o caminho que escolhi a fim de contribuir para avanços em modelos e práticas centrados na avaliação do desempenho. Quem sabe se diálogos em sala de aula não favoreçam o enraizamento de sementes em organizações empresariais? Acredito que ideias mudam o mundo.

Outra consequência da experiência adquirida no enfrentamento dos obstáculos relacionados com a avaliação do desempenho foi a crescente atração por esse tema. Esta faceta profissional vem se manifestando, por exemplo, no desejo de empreender novas pesquisas e produzir novos livros. O contato com a literatura consultada para desenvolver minha dissertação e os resultados da pesquisa abriram horizontes até então insuspeitados e me enriqueceram bastante. Novas perspectivas e vertentes me foram reveladas. Está sendo interessante constatar como velhas palavras e antigas ideias podem ganhar novos significados e contornos.

Nessa longa militância, vivi — e continuo a viver — situações que me estimularam a manter a postura de busca de caminhos que promovam avanços no gerenciamento de resultados, colocando o homem no centro da tomada de decisão. Por outro lado, na maioria das vezes enfrento obstáculos, e são esses obstáculos que motivam reflexões para prosseguir a caminhada.

Este livro é uma prova de minha persistência em não me conformar com explicações superficiais para o descomprometimento com resultados. Denota uma disposição para compreender — e não apenas explicar — o que há por trás das aparências que impedem avanços em modelos e práticas de gestão de resultados.

Em linhas gerais, a prática e a pesquisa recentes fortaleceram crenças e posturas já existentes. Como um quebra-cabeça vivo, as peças foram se encontrando e ganhando harmonia. Eis o livro — a transformação de cada peça em capítulo! A explicitação do desejo de disseminar descobertas originadas de estudos e dos resultados da pesquisa recente.

Introdução

O livro se inicia sinalizando para o leitor a importância de promover mudanças nas bases de sustentação das práticas de gerenciamento da contribuição de pessoas e equipes ao negócio.

O segundo capítulo trata mais a fundo das metamorfoses do atual cenário corporativo, situando as principais megamudanças que o afetam diretamente, a começar pela globalização da economia e pela revolução tecnológica. Estas exigem abordagens inovadoras de gerenciamento de resultados, distintas das ineficazes práticas tradicionais, para mobilizar a contribuição da força humana. O capítulo também apresenta os fundamentos lógicos que sustentam o desafiante paradigma de gerenciamento denominado "alto desempenho" e os consequentes impactos na busca da excelência.

O capítulo 3 revela que o surgimento da ideia da revalorização do capital humano no final do século XX, ao estimular a humanização do trabalho, gera significativos obstáculos à substituição das práticas tradicionais por modelos e práticas de gerenciamento renovadores, refletindo a ruptura entre a empresa e os homens provocada pela lógica mecanicista.

O capítulo 4 denuncia práticas de gerenciamento de resultados em que é visível a indiferença com relação ao atendimento da necessidade de resgatar a dignidade do homem. Quase sempre o preço a pagar é a desmotivação para o trabalho e a decorrente ausência de comprometimento com resultados.

O capítulo 5, tomando como referência os princípios que sustentam as organizações de alto desempenho, destaca algumas práticas avançadas de gerenciamento do desempenho humano, contrastando-as com as práticas tradicionais correspondentes.

O capítulo 6 apresenta aspectos-chave dos resultados de pesquisas recém-realizadas no Centro de Efetividade Organizacional, da Universidade da Califórnia do Sul, cujo foco é a promoção de avanços na busca do desempenho efetivo. Nessa direção, são apresentados alguns resultados das pesquisas conduzidas por E. E. Lawler III que vêm revelando que a construção de uma força de trabalho motivada e comprometida decorre do envolvimento promovido pela descentralização, pela disseminação de informações, pela intensificação do conhecimento e pela vinculação entre recompensas e resultados.

O capítulo 7 finaliza o livro estimulando reflexões acerca de como gerenciar resultados. Julgamento ou diálogo? Uma escolha. Neste capítulo estão também as conclusões de uma pesquisa realizada no mestrado em administração da EBAPE em 2000, com o objetivo de identificar evidências de avanços nas práticas de gestão de resultados. De modo geral os avanços estão associados à substituição do julgamento pelo diálogo. Os resultados da pesquisa evidenciam que a convivência de abordagens centradas no mercado com o resgate da dignidade humana nas organizações não é utópica e, sim, um desafio a ser gerenciado. Tais estudos sistemáticos — tanto os conduzidos por Lawler quanto o coordenado por mim — salientam que a perspectiva humanista da gestão de resultados é um desafio, por requerer o equilíbrio entre competitividade e compromisso ético com o trabalhador — o que implica atribuir um novo significado ao conceito de avaliação, apenas possível a partir da redefinição das bases que fundamentam modelos e práticas de gestão.

Como diria Drummond: "...*de tudo ficou um pouco*..." De tudo, para mim, ficou a consciência de que a construção de um processo dessa natureza é lenta e exige perseverança, atenção, abertura, solidariedade e envolvimento. Para os que defendem veementemente a transparência, nada mais honesto do que dizer que escrever este livro é uma forma de ganhar adeptos para acelerar a passagem de modos de gestão tradicionais para outros mais contemporâneos. Mais ainda: é uma forma de alertar para as armadilhas que se encontram a cada passo, convidando-nos à desistência. O caminho é difícil e deve ser pavimentado com coragem e determinação. Quebrar paradigmas — converter o julgamento em diálogo — é tarefa árdua que requer pôr de lado a arrogância do saber tudo e reconhecer que, na verdade, não se sabe nada.

[...] um significativo número de pessoas parece não estar ainda adequadamente preparado para atuar no contexto organizacional dos nossos dias de modo efetivo.

[...] são evidências dessa afirmação a escassez de investimentos voltados para a satisfação e o bem-estar dos empregados [...]

[...] a desatenção para com a dimensão humana nas organizações.

[...] as demandas organizacionais contemporâneas exigem práticas centradas no envolvimento empregatício, para garantir a excelência de resultados e, consequentemente, assegurar vantagem competitiva, sem negligenciar o capital humano — essencial ao desenvolvimento e à sustentação das organizações.

[...] é fundamental a busca do equilíbrio entre o atendimento das necessidades organizacionais — voltadas para a melhoria do desempenho e a sustentação da competitividade — e o desenvolvimento de relações de trabalho satisfatórias, capazes de atrair e reter pessoas que se constituam em fontes de vantagem competitiva.[1]

E. E. Lawler III

---

[1] Lawler (1998:198).

CAPÍTULO 1

"Humano demasiadamente humano"

> *"O contrário em tensão é convergente;*
> *da divergência dos contrários,*
> *a mais bela harmonia."*
> Fragmento 8
> Heráclito de Éfeso

Época profundamente marcada pelo desenfreado desenvolvimento tecnológico, a passagem do século XX caracteriza-se pela intensa busca do novo e por uma única certeza possível: a mudança inevitável dos padrões conhecidos de comportamento no âmbito pessoal, cultural, profissional e empresarial, suscitando acaloradas discussões sobre o futuro. Um dos pontos de concordância nesses debates é a constatação de que, nesta era de incertezas, a revolução da informação tecnológica e os rápidos avanços do conhecimento científico — aliados ao fenômeno da globalização da economia e à decorrente competição estrangeira — vêm provocando drásticas mudanças no cenário corporativo, que passa a exigir, de maneira acentuada, níveis crescentes de excelência de resultados, com um único objetivo: sustentar a vantagem competitiva no mercado, o que requer transformações em modelos e práticas de gestão, de modo a torná-los aptos a enfrentar o desafio da efetividade organizacional imposto pelas macromudanças.

No que se refere ao gerenciamento do desempenho de pessoas e de equipes, esse contexto de negócios exige abordagens com foco em resultados — isto é, orientadas para o mercado — bem distintas das abordagens de gestão tradicionais adotadas até agora e que têm, de modo geral, se mostrado inócuas. Esse tema constitui o cerne das questões tratadas neste livro, fruto da crença de que pessoas são a mais significativa fonte de vantagem competitiva.

Nesse sentido, está fundamentado nos princípios da lógica de gestão defendidos por Edward L. Lawler III — psicólogo norte-americano e um dos mais influentes especialistas na área de recursos humanos —, que também foi estimulado pelo interesse na investigação de possibilidades de avanços nessa área. É importante salientar que esses avanços são absolutamente necessários, uma vez que convivem, hoje, duas tendências contemporâneas distintas: uma que exige abordagens centradas no mercado e outra que aponta a necessidade de resgatar a dignidade do homem nas organizações. Considerando a importância da gestão de resultados no processo de transformação organizacional, essa realidade impõe questionamentos e escolhas, especialmente às lideranças.

Infelizmente, um significativo número de organizações ingressa no século XXI apoiando-se em modelos de avaliação de resultados assentados em pressupostos mecanicistas, originários do século XIX, incapazes de se constituírem em instrumento de gestão efetivo.

Daí a urgência de modificar as bases dos modelos de gestão de resultados, a fim de que se alinhem a paradigmas mais flexíveis. Os modelos tradicionais têm sido alvo de críticas, devido à sua ineficácia em construir uma força humana motivada e comprometida com a excelência de resultados — o que depende de mudanças sensíveis nas bases subjacentes aos modelos e às práticas de gestão de resultados. Uma das prováveis causas dessa realidade parece relacionar-se com o mecanicismo que fundamenta os atuais modelos, inadequados a ambientes instáveis e turbulentos.

Em contrapartida, abordagens inovadoras de gestão de resultados evidenciam a crença de que pessoas são fonte de vantagem competitiva adotando práticas que estimulam o comprometimento através do envolvimento. Não se deixam afetar pela impessoalidade imposta por metodologias norteadas exclusivamente pela lógica matemática — origem dos excessivos cálculos e gráficos que permeiam os sistemas tradicionais de avaliação de resultados. De modo geral, em tais abordagens, as pessoas servem apenas de pano de fundo.

Mudar estruturas acomodadas e políticas viciadas é difícil. Partir para o novo exige abandonar o conhecido, ignorar a apatia e a incredulidade. Exige, antes de tudo, desejo e coragem de inovar, de questionar e de transgredir o que foi estabelecido muitas vezes por hábito e, não, por reflexão.

Qualquer mudança envolve riscos e, portanto, escolhas entre o previsível e o imprevisível, a segurança e a liberdade de criação, o medo e o desejo de mudar. À semelhança do que ocorre em outros ambientes, o dia a dia nas organizações tem múltiplas facetas, que refletem o histórico confronto entre o novo e o tradicional. As mudanças pessoais e organizacionais se processam de forma diferente das máquinas e precisam ser semeadas e cultivadas em condições adequadas para que floresçam a partir do enraizamento dos valores alinhados aos paradigmas de gerenciamento que inaugurarão o novo milênio. As mudanças só transformam as organizações de modo efetivo quando as pessoas passam a constituir-se em redes internas de sustentação, ou melhor, quando se sentem verdadeiramente comprometidas com as mudanças a serem implementadas e apaixonadas por elas.

Gerenciar essas transformações tem sido uma tarefa árdua, principalmente para as lideranças, na medida em que, para enfrentarem os desafios da competitividade, os modos efetivos de gestão de resultados humanos diferem dos demais privilegiando o diálogo, ou seja, tendo um olhar plural. No entanto, as mudanças são fruto de desejos autênticos. Ninguém muda ninguém "por decreto": as pessoas mudam quando descobrem novos significados. Logo, os obstáculos às mudanças organizacionais estão intimamente relacionados com resistências no âmbito pessoal. Modelos e práticas de gestão de resultados de pessoas e equipes exigem sobretudo mudanças de valores e posturas gerenciais.

Em linhas gerais, as transformações organizacionais resultam, fundamentalmente, de um esforço coletivo em direção à abertura e ao diálogo permanentes, envolvendo todas as pessoas afetadas pelo processo de tomada de decisão. Revelam a crença no poder das pessoas para provocar mudanças transformadoras em organizações e, consequentemente, em sociedades.

"A intervenção nas organizações tem por finalidade fazer surgir este sujeito humano, individual e coletivo, que sabe confrontar-se com o mundo e que não cai nem no narcisismo, nem no derrotismo. Humano demasiadamente humano, dizia Nietzsche, com razão."[2]

---

[2] Davel & Vasconcellos (1995).

CAPÍTULO 2

Desempenho competitivo: uma exigência do atual contexto de negócios

> *"Minhas pesquisas e consultorias*
> *a companhias de todos os tamanhos e tipos*
> *convenceram-me de que este é um período de grandes riscos*
> *tanto para indivíduos, quanto para organizações."*
> Edward L. Lawler III

Provocada pela eliminação das fronteiras comerciais, a globalização tem exigido níveis crescentes de desempenho competitivo, definido como um tipo de contribuição ao negócio que propicia a criação e a liberação rápida para o mercado consumidor de produtos e serviços inovadores, com qualidade e custos reduzidos. Essa exigência nasce da necessidade de fazer frente a competidores com poderosas vantagens competitivas — como pessoas polivalentes, tecnologias de ponta e estruturas organizacionais inovadoras — e de certo modo justifica um fenômeno recente, diferente do que ocorria no passado, na área da qualificação profissional: a queda acentuada no nível de tolerância para desempenhos que fiquem aquém dos padrões estabelecidos e para perfis de competência que não evidenciem capacitação multifuncional, capaz de alavancar resultados competitivos.

No período 1987-96, Edward E. Lawler III realizou uma série de pesquisas no Center for Effective Organizations com o objetivo de criar subsídios para o delineamento de estratégias que favorecessem a construção de *high-performance organizations*. Segundo Lawler, os princípios do modelo de gestão denominado "alto envolvimento" requerem o compartilhamento — entre todos os membros de uma organização — do poder, da informação, do conhecimento e das recompensas, e estimulam patamares crescentes de desempenho, capazes de enfrentar os desafios da competitividade de modo efetivo. Mas Lawler, autorizado pelos resultados de pesquisas conduzidas no período mencionado, constatou, surpreso, que um número significativo de organizações americanas parece não acreditar ainda que as pessoas são poderosas fontes de vantagem competitiva. Por isso essas organizações não se empenham em enfrentar adequadamente os desafios da competitividade, adotando práticas de gestão apoiadas nos *princípios da nova lógica de gestão*, conforme denominação do autor.

As realidades organizacionais brasileiras não são diferentes. No Brasil, à semelhança de outros países, pressões externas vêm impondo mudanças radicais no perfil da força de trabalho. O mercado atual requer pessoas com visão global, polivalentes e elevado nível de qualificação, para fazerem frente à crescente complexidade da natureza do trabalho resultante das metamorfoses do cenário corporativo.

Mas o retrato do Brasil no período 1992-99, segundo o IBGE, demonstrou ser notória a ausência, na maioria dos trabalhadores brasileiros, de condições para enfrentar os desafios de um mercado complexo e desafiante, em consequência do baixo nível de escolaridade registrado no país. Em 1999 a taxa de analfabetismo funcional era de 29,4%, o que equivale a dizer que a força de trabalho no Brasil tinha menos de quatro anos de estudo.

Essa situação merece profunda reflexão, se considerarmos que os dados obtidos no censo 2000 revelam um Brasil com uma população economicamente ativa (PEA) de pouco mais de 79 milhões de pessoas (representando 47,72% da população brasileira).

Apesar da enorme dimensão territorial, no Brasil, o número de universidades é significativamente inferior, por exemplo, ao do Japão, que na década de 1990 contava com 467 universidades e mais de 500 faculdades isoladas. Hoje, o Japão investe na compra de universidades americanas e firma contratos com as mais importantes, visando a realização de cursos de alta especialização para estudantes japoneses. Fatos como estes levantam dúvidas quanto à prontidão do Brasil para enfrentar as exigências de um contexto competitivo de negócios em situação de igualdade com países cujos níveis de escolaridade são significativamente mais elevados. Nos Estados Unidos, por exemplo, as pessoas frequentam, em média, a escola por 12 anos.

A atual realidade educacional do país é preocupante, segundo mostram os dados estatísticos da tabela a seguir. Infelizmente, a estatística do nível de escolaridade brasileira revela a falta de compreensão de que não há, nem pode haver, desenvolvimento sem educação, na medida em que esta alicerça a liberdade e a dignidade humanas.

- os modelos organizacionais devem manter o foco em produtos e clientes;
- a liderança compartilhada constitui-se em fonte de vantagem competitiva.

Incontestavelmente, tais princípios redefinem as bases de sustentação de modelos e práticas de gestão, evidenciando a inauguração de uma nova era do pensamento administrativo: a que decreta a falência da lógica da gestão centrada na hierarquia e no controle *top-down*, predominantes desde os primórdios da abordagem clássica da administração — a burocracia weberiana.

As organizações apoiadas nesses princípios enfatizam a criação de condições capazes de assegurar a sustentação de patamares crescentes de resultados, através da implementação de estratégias centradas no envolvimento empregatício. Gestão pela qualidade total, reengenharia, *downsizing*, *empowerment*, aprendizagem organizacional e envolvimento empregatício são exemplos de estratégias de gestão assentadas nos princípios desse paradigma organizacional desafiante.

Em face da complexidade que envolve a transformação organizacional, as organizações verdadeiramente empenhadas na busca de excelência empreendem esforços de mudanças investindo no alinhamento de estratégias, estruturas, processos, modelos e práticas de gestão de pessoas e recompensas, visando a obtenção de ganhos de efetividade.

Organizações de fato inovadoras não se deixam seduzir por falsas promessas de resultados imediatos, nem se iludem desperdiçando esforços de curta duração que, na maioria das vezes, além de dificultarem ganhos de efetividade, resultam em considerável perda de recursos e de energia. E o que é pior: em certas circunstâncias, essa "miopia organizacional" tem efeito contrário ao esperado — em vez de ampliar o nível de agregação de valor das pessoas, estimula a diminuição do comprometimento individual ou das equipes com resultados organizacionais.

Lawler afirma que empresas tradicionalmente bem-sucedidas, consideradas parâmetros de gestão nos anos 1960 e 70 — como a GM, a IBM, a Westinghouse, a Sears Roebuck e a Digital —, vêm enfrentando problemas para garantir vantagem competitiva nas duas últimas décadas, por relutarem em abandonar práticas centradas no controle *top-down* e na hierarquia: resistem em reinventar a si próprias. Em contrapartida, revela o estudioso, empresas jovens — como a Compaq, a Wal-Mart e a Microsoft — vêm se tornando competidoras bem-sucedidas, na medida em que investem em um permanente ajuste às demandas dos paradigmas emergentes, com o intuito de alcançar níveis crescentes de desempenho competitivo.

As organizações de alto desempenho pressupõem que as pessoas são poderosas fontes de vantagem competitiva e, portanto, que estratégias efetivas devem estimular a motivação para o trabalho visando o consequente comprometimento com resultados. Nessa perspectiva de gestão, o papel desempenhado pela liderança é condição *sine qua non* no gerenciamento da substituição do controle (modo de gestão tradicional) pelo envolvimento (gestão contemporânea), segundo Lawler. Para tanto, as exigências de mudanças não se restringem a ajustes nos sistemas tradicionais. Implicam mudanças desde no âmbito do comportamento humano até no modo de estruturação e funcionamento da organização. O contexto dos negócios coloca as organizações num beco sem saída: ou mudam ou morrem!

CAPÍTULO 3

A força do mecanicismo: um obstáculo à transformação de pessoas em fontes de vantagem competitiva

"Escorreguem, mortais, não queiram segurar-se!"
Jean-Paul Sartre

Em tempo algum da História a humanidade passou por transformações tamanhas como as do final do século XX, caracterizadas pela rapidez das mudanças. A ciência e a tecnologia rasgaram novos e ilimitados horizontes à inteligência e à vida do homem. A revolução do conhecimento se expandiu sem limites, obrigando o ser humano a compreender significados e seus impactos para poder ir adiante. No mundo contemporâneo — repetindo as palavras de pensadores da Antiguidade — "quanto mais se sabe, mais se vem a saber o quanto se ignora". Padrões antigos de comportamento despedaçam-se, velhos ideais submergem e tradicionais valores são abalados em suas raízes. Apesar da resistência de paradigmas ultrapassados, novos hábitos e comportamentos, novas formas de convivência e novos valores — originados da revolução cultural que engloba as demais — exigem espaço nas organizações.

Paradigma, termo originariamente adotado por Thomas S. Kuhn em *A estrutura das revoluções científicas*, significa "modelo". Sugere ser a ciência construída a partir de modelos assentados em fundamentos filosóficos, os quais induzem à visão de mundo, que por sua vez leva a comunidade e seus membros a se pautarem por regras e normas alinhadas com a visão dominante, que institui as bases culturais.

O mecanicismo é um paradigma tradicional. Sua influência pode ser percebida até hoje na maneira pela qual algumas organizações idealizam a realidade, numa perspectiva mecânica, determinista, material e composta por "peças" menores conectadas de modo preciso. Trata-se de uma pretensa visão "científica", caracterizada pela fragmentação, pelo racionalismo, pela impessoalidade e pelo descaso pelos sentimentos.

No dia 2 de novembro de 1999, o *Jornal do Brasil* publicou, no Caderno de Economia, a notícia de que Henry Ford havia sido eleito o Homem de Negócios do Século pela revista norte-americana *Fortune*. Um dos trechos do texto justificava a escolha citando o célebre carro criado por Ford e dizia: "o famoso modelo T, preto, foi sinônimo de padronização industrial". Essa notícia mostra que o mecanicismo se mantém forte ainda hoje. De fato, um número significativo de organizações entrou no século XXI prisioneiras do medo de perder a ilusória segurança oferecida pelo mecanicismo — que impede a visão de um futuro organizacional expandido —, revelando resistência frente ao desconhecido. Essas organizações debatem-se entre o desejo de mudança, necessário ao alinhamento com os paradigmas emergentes, e o abandono de modelos que, embora ultrapassados, parecem oferecer segurança. Não ousam pensar modelos, nem implementar práticas fundamentadas em novas bases de gestão. Torna-se mais fácil dizer não ao novo do que descobrir o futuro, enxergando além dos limites dos paradigmas vigentes. Ter o futuro como referencial exige liberdade de pensamento.

As bases da empresa mecânica originaram-se nas ideias de Frederick Winslon Taylor (1856-1915), Henri Fayol (1841-1925) e Max Weber (1864-1920), considerados os administradores do mecanicismo.

Especificamente, merecem comentários aspectos relevantes da organização racional do trabalho proposta por Taylor, que influenciou de modo significativo a concepção de modelos de gestão de pessoas. A influência taylorista está associada à ideia de que eficiência e produtividade são diretamente proporcionais. Taylor acreditava na divisão mecânica do trabalho, na eliminação de movimentos inúteis, na definição de um tempo padrão e na eficiência máxima ao se realizar uma tarefa, através de métodos mais adequados, previamente determinados.

A preocupação com a eficácia (foco em resultados) e com a efetividade (impacto dos resultados no cliente, no mercado e na sociedade) — indispensáveis ao enfrentamento dos desafios da competitividade — encontra-se ausente em modelos mecanicistas de gestão, na medida em que se preocupam exclusivamente com o aumento da produção.

A premissa básica do enfoque taylorista de gestão é a divisão estratificada do trabalho em tarefas menores, visando ganhos de eficiência. Acredita-se que o aumento da especialização do trabalho é diretamente proporcional ao aumento de eficiência. Entretanto, ao se especializar em uma única tarefa, o trabalhador mantém-se alienado, sem liberdade, aprisionado a padrões e normas de desempenho impostos por métodos. É julgado exclusivamente por critérios externos de avaliação, sendo excluído da participação e da negociação dos resultados a serem alcançados.

O mecanicismo também deixou profundas marcas na concepção tradicional de recompensas, por sustentar que o pagamento pelo trabalho realizado deve apoiar-se em cumprimento de responsabilidades, tempo padrão e produção individual. Esse modo de estimular o aprimoramento de resultados tem sido um obstáculo aos avanços relacionados com a gestão de resultados, na medida em que não há vinculação entre resultados e recompensas — uma estratégia considerada efetiva para se obter o envolvimento empregatício e a decorrente excelência de resultados.

As premissas implícitas no conceito de *homo economicus* — a motivação para o trabalho de qualquer pessoa é estimulada por recompensas extrínsecas de caráter financeiro —, fomentado por práticas tradicionais de gerir resultados, também têm impedido avanços na gestão de recompensas. Pesquisas centradas na análise de impactos da motivação em resultados humanos enfatizam a importância de recompensas tanto extrínsecas quanto intrínsecas para a obtenção do resultado excelente.

Em contraste com as tendências contemporâneas de gestão de resultados, os modos tradicionais buscam a padronização de métodos, processos e ferramentas, objetivando maximizar a eficiência através da redução da variabilidade e da diversidade. Uma estratégia visivelmente inadequada à instabilidade que caracteriza o atual contexto organizacional.

A necessidade de flexibilizar a gestão tornou-se evidente a partir da década de 1980, em consequência da ineficácia revelada pela organização do trabalho inspirada nos pressupostos do fordismo para enfrentar desafios organizacionais.

Na ânsia reducionista — estimulada por fundamentos mecanicistas e pelo olhar capitalista que permeia as relações humanas e econômicas —, o homem dividiu-se. De fato, a postura mecanicista tem separado o homem do homem, o homem de si mesmo. Em decorrência, criou uma visão de mundo extremamente reducionista, pragmática, voltada para a aparência, a competitividade, o individualismo, nos moldes dos ideais industrialistas de nosso tempo. À revelia dos tempos neoliberais, emergem na sociedade pós-industrial valores que privilegiam a confiança, a ética, a subjetividade, a emoção, a qualidade de vida, entre outros aspectos citados por Domenico de Masi em seu livro *O futuro do trabalho: fadiga e ócio na sociedade pós-industrial* (2000:205). Os novos paradigmas de gestão, paralelamente à exigência de desempenho competitivo, pregam a humanização do trabalho, buscando substituir a ruptura entre a empresa e os homens, provocada pela lógica mecanicista.

A lógica sistêmica — afirma Omar Aktouf em *A administração entre a tradição e a renovação* (1996:19) — assemelha-se ao ciclo da vida. Entretanto, inúmeras organizações enfatizam perspectivas de gestão apoiadas em valores tradicionais, típicos da era industrial, cujas raízes brotaram de pressupostos mecanicistas. "O mercado não se interessa por abordagens, quer produtos, visíveis e palpáveis" — afirmativa lugar-comum no mundo empresarial que não deixa margem a dúvida quanto à mensagem subliminar: o foco deve ser o lucro, não importa se traduzido em ganhos financeiros, como no caso da iniciativa privada, ou traduzido em fortalecimento do poder político, como se pretende em ambientes públicos. O homem é mais uma vez esquecido, apesar de sua extrema responsabilidade no funcionamento organizacional.

Predominante desde o século XIX, esse tradicional modo de olhar a relação capital/trabalho estimula a alienação do homem na atividade profissional — a ênfase mecanicista da divisão do trabalho concebe o trabalhador simplesmente como uma peça da "máquina", conforme demonstra poeticamente o filme *Tempos modernos*, de Charles Chaplin. Entretanto, apesar da demanda por modelos e práticas orientados para o mercado, a busca de patamares crescentes de desempenho competitivo exige uma relação trabalho/capital mais humanizada, tal como adequadamente descrita por um autor desconhecido: "O trabalhador não é constituído apenas por braços e pernas, antes tem cabeça e coração". O futuro da gestão de resultados parece estar nas mãos de quem acreditar na liberdade e na criatividade como principais alavancas da competitividade. O controle centralizado torna-se cada vez mais ineficaz no gerenciamento de resultados competitivos, enquanto o envolvimento de pessoas estimula o comprometimento com resultados.

A democratização do trabalho — condição básica de uma gestão flexível de pessoas — estimula o processo de abertura organizacional. Infelizmente, é comum a inclusão de pessoas em decisões de cunho estratégico — postura que revela resistência à descentralização do poder.

Os modelos flexíveis de gestão de pessoas ganham espaço a cada dia, evidenciando, por exemplo, a crescente demanda de participação no processo decisório em processos formais de produção e em decisões estratégicas. Metaforicamente, o foco da gestão de pessoas desloca-se da árvore para a floresta, entendendo-se por floresta um sistema vivo constituído por árvores. Contudo, apesar do fato de aventurar-se no desconhecido revelar uma decisão adequada à transformação de modelos de gestão mecanicistas em orgânicos, o caminhar rumo a um novo paradigma é doloroso (ideias inovadoras não se encaixam no modo convencional de pensar). Requer abandonar o culto do semelhante. Como diria Caetano Veloso, "é que narciso acha feio o que não é espelho".

CAPÍTULO 4

Resgate da dignidade do homem: um compromisso da gestão de resultados

> *"Esta não é uma política de um dia, antes uma trajetória no tempo que demora a dar frutos."*
> Eduardo Matute Butragueño

Apesar de a valorização do capital humano ser um tema frequente no contexto empresarial, a preocupação em manter a dignidade das pessoas nas organizações ainda não é uma realidade. Em decorrência, as práticas de gestão de resultados utilizadas para fazer frente à feroz competitividade do mercado ocasionam graves violações éticas, resultando em níveis decrescentes de produtividade e em desmotivação. Essa situação reflete a ausência de sensibilidade social quanto aos prejuízos que esse fato acarreta no ambiente corporativo e no processo de construção da denominada sociedade democrática.

Desde os anos 1970, debates sobre a importância da pessoa no funcionamento da organização vêm estimulando reflexões instigantes quanto à renovação do pensamento administrativo, tradicionalmente apoiado no funcionalismo utilitarista norte-americano e no pensamento econômico neoclássico. Omar Aktouf aponta Burrel & Morgan (1979), Perrow (1986), Chanlat & Séguin (1987) e Caillé (1989) como referências para essa afirmação.

A década de 1990, por sua vez, assistiu ao nascimento da ideia da revalorização do capital humano, que demanda novas filosofias de gestão, novas concepções de trabalho, novos modos e critérios para gerir resultados, entre outras exigências.

A visão tradicional — que concebe administrar como acumular ganhos financeiros e obter lucro — vem sendo substituída, gradativa e lentamente, por outra, que busca resgatar o prejuízo social gerado pela longa falta de preocupação com o bem-estar e o progresso de todos. O comentário de Omar Aktouf (1996:15) ilustra adequadamente este fato:

"[...] se a finalidade da administração é apenas ganhar dinheiro o mais rápido possível [...] seria suficiente imitar Al Capone ou vender drogas [...]"

No entanto, segundo Lawler, a transição de modelos tradicionais de gestão de resultados humanos, centrados no controle, para outros, que privilegiam o envolvimento das pessoas, requer sensibilidade e competência da liderança para gerenciar as mudanças necessárias. O envolvimento só parece ser possível nas organizações em que, além da busca de desempenhos competitivos, há uma verdadeira demonstração de interesse pelo bem-estar das pessoas.

Competitividade e ética: uma convivência utópica?

Como gerir resultados sem se exceder na tradicional ganância por rentabilidade, sem provocar sofrimento nas pessoas, sem levá-las a situações degradantes e destrutivas? Questão instigante que parece estar subjacente a uma outra que, hoje, merece profunda reflexão: a convivência da ética e da busca da excelência, ao se gerir resultados de pessoas, é uma utopia?

A compreensão das raízes doutrinárias que sustentam os modelos e práticas de gestão de resultados permite ampliar as possibilidades de respostas a essa questão, na medida em que, segundo o estudioso espanhol Eduardo Matute Butragueño, as dinâmicas empresariais contemporâneas encontram-se influenciadas por matizes tanto capitalistas quanto socialistas.

A orientação para o mercado assenta-se em valores originados na doutrina do capitalismo-liberalismo e que têm prevalecido desde o início da história da ciência administrativa. A racionalidade econômica subjacente a esse regime — capitalismo — torna o fator capital predominante em relação a outros, como o trabalho, as necessidades pessoais e os interesses da sociedade. O lucro e a rentabilidade são privilegiados em detrimento da função social do trabalho, o que gera, na maioria das vezes, conflitos inevitáveis no processo de gestão de resultados, dificultando a convivência simultânea entre a busca da excelência de resultados e o bem-estar pessoal.

É importante lembrar que o cálculo e a medida têm tido papel fundamental na sustentação de lógicas tradicionais de gestão de resultados humanos, nas quais predominam a mentalidade racionalista individualista.

"No que tange à vida da empresa, em que tudo isso acaba?" — esse comentário de Omar Aktouf (1996:232) denuncia os prejuízos sociais gerados por modelos de gestão assentados em bases que fomentam a frieza do relacionamento interpessoal na construção de resultados efetivos, a supremacia técnico-contábil, a lógica custo-resultados, a ideia de que o empregado é apenas um *input* que deve ser rentável — lógicas para as quais o ser humano é apenas uma abstração.

Por outro lado — destacam Aktouf e Butragueño —, nas últimas décadas também têm frutificado lógicas de gestão de resultados com matizes socialistas. Na gestão de resultados, em especial, pressupostos socialistas evidenciam-se em dois aspectos: nas demandas vinculadas ao delineamento de sistemas que incluem a participação das pessoas e na tomada de consciência quanto aos impactos prejudiciais à motivação para o trabalho da orientação excessivamente centrada no mercado.

Boudon e Bourricaud referem-se à humanização das condições do trabalho como uma perspectiva organizacional que exige a descentralização do poder. Butragueño, por sua vez, crê na possibilidade de haver na organização igualdade absoluta entre todos os homens em se tratando de deveres e direitos, bem como na possibilidade de os valores sociais predominarem sobre os individuais.

Apesar da vinculação entre práticas de gestão de resultados e injustiças e desigualdades ainda perdurar em alguns ambientes empresariais, as tendências contemporâneas de gestão de resultados humanos sinalizam cada vez mais para a importância da democratização do trabalho. Isso revela interesse no resgate da dignidade do homem na organização, de modo a estimular as pessoas a serem comprometidas, ativas e pensantes, transformando-as de fato em capital humano — base fundamental da efetividade organizacional.

Indiscutivelmente, o respeito à dignidade do ser humano na organização é um dos maiores desafios a ser enfrentado no mundo empresarial neste século recém-inaugurado, tendo em vista que a busca desenfreada de desempenhos competitivos pode levar alguns gestores a esquecerem-se de que pessoas felizes, mais saudáveis e menos frustradas tornam-se mais cooperativas, mais responsáveis, menos ausentes e mais criativas.

Longe de advogar uma postura ingênua — as empresas não são instituições beneficentes, já que têm a obrigação de gerar riqueza e trabalho —, esse cenário empresarial contemporâneo não deixa margem a dúvida: sobreviver significa sustentar vantagem competitiva, o que exige excelência de resultados, o que, por sua vez, significa desempenho competitivo.

Aktouf afirma que o problema não é a busca da rentabilidade e, sim, o modo pelo qual esta é perseguida — por exemplo, modos de gestão que privilegiam a transparência e que demonstram interesse autêntico pelo trabalhador estimulam a motivação e favorecem o envolvimento Na sociedade que valoriza cada vez mais a competição, a participação parece aliviar a agonia pessoal quanto à crescente exigência de desempenho competitivo.

As empresas que de fato se interessam pela sustentação da competitividade preocupam-se tanto com patamares crescentes de resultados quanto com o bem-estar pessoal, conscientes de que a ausência de parceria com a força de trabalho pode levá-las ao fracasso.

Porém, tem sido um desafio gerenciar resultados de pessoas e equipes, equilibrando a sustentação da competitividade e o compromisso ético com o ser humano. Diante das ameaças oriundas da crise econômica e das dificuldades financeiras dela decorrentes, algumas organizações optam por trilhar caminhos perigosos em nome da busca da excelência de resultados: arriscam a relação ética com o trabalhador e fazem emergir conflitos que só são superados quando existe seriedade de propósitos.

A prevalência das prioridades organizacionais sobre as individuais e a preocupação exclusiva com os resultados finais são conflitos relevantes associados ao processo de gestão de resultados. Ambas essas posturas desconsideram circunstâncias pessoais, trajetórias profissionais e serviços prestados, esquecendo-se de que tratam com pessoas e não com "recursos contábeis". Recurso ou pessoa? Eis o dilema que parece sintetizar esses conflitos.

A busca desenfreada pela competitividade — evidenciada na acirrada competição do mercado — e a preocupação excessiva com receitas e despesas têm originado os conflitos que permeiam a gestão de resultados. Um número significativo de empresas se esquece de que, por trás de números e cifras, existem pessoas com nome e sobrenome, únicas, diferentes, com problemas, virtudes e carências.

Considerando que a busca desenfreada da competitividade constitui-se em pano de fundo para inúmeros conflitos vinculados à busca de patamares crescentes de desempenho competitivo, tanto a individualização quanto a coletivização — tendências contemporâneas da gestão — acarretam conflitos que impedem avanços no processo de gerenciamento de pessoas e equipes. A individualização, apesar de favorecer a criatividade e a autorrealização no trabalho, pode transformar a empresa em uma arena de competição feroz, na qual o outro deixa de ser companheiro para ser meramente um competidor. Por outro lado, a coletivização das relações de trabalho pode constituir-se em barreira difícil de ser transposta, por necessitar do diálogo e da disseminação de informações.

Pesquisas recentes, conduzidas por Lawler, sobre a questão da efetividade organizacional, revelam que melhorias de *performance* resultam do envolvimento das pessoas e equipes. Apesar dessa constatação, a maioria das organizações pesquisadas pelo autor não investe no fortalecimento da relação entre líderes e equipes, propiciada principalmente pela prática do diálogo. Ao contrário, a liderança parece refugiar-se em práticas que privilegiam controles formais e instrumentalização em excesso, provocando sentimentos indesejáveis de desmotivação, mal-estar e angústia.

Em face do exposto, a superação desses conflitos não se dará a partir de soluções artificiais. Ela impõe mudanças amplas e profundas nas culturas organizacionais. Mais do que qualquer outra coisa, exige reflexões quanto à forte influência do deus-mercado — visto aqui como o contexto organizacional exclusivamente orientado para atender às necessidades do mercado — no modo de gerir resultados.

Resta saber se a organização deseja estar a serviço da sociedade e do homem ou do atendimento exclusivo de interesses econômicos, deixando de lado a responsabilidade social de gerar postos de trabalho, bem-estar social e progresso. Caso se afirme o desejo declarado pela segunda hipótese, torna-se necessária uma perspectiva humanista da gestão de resultados, visando aliviar o sofrimento humano nas organizações, derivado de modos de gerenciamento que têm por base uma relação capital/trabalho que não privilegia em igual medida os interesses organizacionais e os individuais.

Motivação: autenticidade ou manipulação?

A busca da excelência de resultados exige desempenho competitivo, que por sua vez requer modos de gerir resultados capazes de mobilizar competências que agregam valor. Assim sendo, tanto Butragueño quanto Lawler — apesar da distinção dos matizes doutrinários que permeiam as respectivas visões organizacionais — concordam que modelos e práticas de gestão mobilizadores devem estimular o envolvimento das pessoas.

Especificamente, Butragueño afirma que a resistência à descentralização do poder fortalece um humanismo de fachada que impede o homem de se manifestar tal como é, com suas potencialidades e possibilidades, no ambiente empresarial. Além do mais, perpetua modelos de gestão de resultados não assentados na participação, os quais designam, explicitamente, àqueles que detêm o poder o papel de atores quase únicos no processo de tomada de decisão organizacional.

Para Butragueño, o principal obstáculo ao resgate do humanismo — que, segundo ele, se caracteriza pelo tratamento humanizado de pessoas no trabalho — tem sido a ideia de que o homem é um instrumento de produção. Levando isso em consideração, incluir o trabalhador em decisões empresariais é uma forma de resgatar sua dignidade. Burrell e Morgan, ao se referirem à "busca difícil e complexa do que seja uma concepção humana" em organizações, corroboram Lawler quando este enfatiza a importância da inclusão de todos no processo de tomada de decisão para a obtenção do envolvimento empregatício, que, por sua vez, resulta no comprometimento das pessoas com resultados.

Em suma, o processo de gerenciamento do desempenho humano, alinhado aos novos paradigmas, requer tanto a busca da excelência de resultados — atendendo aos pressupostos da orientação para o mercado —, quanto a atenção aos impactos do comportamento ético na motivação para o trabalho, que é a base do comprometimento com resultados empresariais, segundo Lawler. Neste contexto, entende-se por ética empresarial as posturas relacionadas com a inclusão do trabalhador na tomada de decisão, com o acesso às informações e com a intensificação do conhecimento e das recompensas pelos resultados obtidos.

As pesquisas realizadas com a finalidade de compreender os impactos da motivação no trabalho são tantas que é quase impossível relacionar as mais significativas. Porém, cabe mencionar alguns teóricos que merecem lugar de destaque por terem contribuído para avanços indiscutíveis nesse tema específico.

A trajetória das concepções dos modelos de gestão revela que, desde Taylor até as teorias contemporâneas — passando por Fayol, Elton Mayo e McGregor —, o mistério da motivação humana tem despertado o interesse dos pesquisadores.

A intensa produção acadêmica relacionada com a motivação para o trabalho tem gerado resultados significativos, favorecendo avanços nessa área. Por exemplo, algumas pesquisas mencionadas por Lawler revelam que a satisfação e a integração das pessoas na organização estão intimamente relacionadas ao sentimento de confiança na empresa e na liderança. Logo, a relação autêntica entre a liderança e o trabalhador é uma condição *sine qua non* à motivação para o trabalho. Ao contrário, a falta de autenticidade nessa relação provoca desmotivação, além de evidenciar uma manipulação comum no processo de gestão de resultados.

Em linhas gerais, considerando o impacto da satisfação das pessoas na excelência de resultados (efetividade organizacional) — base do modelo motivacional defendido por Lawler —, cabe refletir: será utópica a convivência da relação ética com o trabalhador com práticas de gestão de resultados orientadas para o mercado? Ou melhor: é possível ser, simultaneamente, competitivo e ético?

CAPÍTULO 5

Avanços na gestão de resultados: um desafio da liderança

> "A questão [...] é saber se atualmente e no futuro
> o administrador pode permanecer estimulado por essa mentalidade
> e desprezando conhecimentos e preocupações mais globais,
> mais fundamentais, mais ecológicos e mais sociais e humanos, simplesmente."
> Omar Aktouf

Embora a resistência à mudança, hoje, constitua um risco de consequências imprevisíveis, nem sempre ocorre o comprometimento da liderança. Para alguns, a mudança é apenas uma intenção ou, o que é pior, um desejo de manter-se *up-to-date* no mundo empresarial.

Segundo Lawler, as organizações resistentes à nova visão paradigmática de gestão tendem ao fracasso, independentemente das incontestáveis vantagens competitivas que possam ter a seu favor, como tecnologia de ponta e força humana competente. O fracasso tende a aumentar se o competidor for uma organização permanentemente alinhada com as exigências do contexto de negócios.

As práticas tradicionais de avaliação do desempenho humano, decorrentes de modelos de gestão mecanicistas, não têm resistido ao impacto das macromudanças, aumentando o número já elevado de iniciativas fracassadas. Mas o investimento em avanços no que diz respeito aos modos de gestão de resultados não é tarefa fácil. Edgar Morin, em *O pensar complexo* (1999:9), mostra que

> "[...] em uma época de mudança de paradigma científico, a verdadeira questão não é simplesmente o enriquecimento do espírito, nem simplesmente o sentimento do enriquecimento do sentimento da complexidade, mas uma radical e profunda reforma do pensamento [...] que supere todas as formas de reducionismo."

Na prática, um número significativo de pessoas resiste à implementação de mudanças associadas à gestão de resultados em ambientes organizacionais, apesar de compreenderem a importância de avaliar pessoas nesse contexto contemporâneo. Lembranças de situações em que os problemas superaram os benefícios têm levado os gestores à incredulidade: "Já vi esse filme!".

Práticas tradicionais de avaliação de desempenho

Controlar como as pessoas trabalhavam era o objetivo principal da avaliação de desempenho tradicional. Nessa época, o mundo vivia os difíceis dias do pós-guerra e urgia aumentar a produtividade. O cenário justificava o fato de o caminho apontado por Fayol — desmembramento mecânico do trabalho em partes menores — ter sido considerado o mais adequado para se conseguir tal intento.

O alicerçamento das práticas nessas bases conceituais mecanicistas pressupõe que o indivíduo seja a unidade de desempenho da organização. Por isso a avaliação da *performance* constituiu-se em importante elemento do controle do trabalho individual, acima de qualquer outro propósito. Sistemas de avaliação de desempenho apoiados nesses fundamentos, portanto, traduzem com clara nitidez que o julgamento deve ser exercido por quem detém o poder formal.

Ainda hoje, um elevado número de organizações públicas e privadas — envolvidas em uma exacerbada busca do controle de resultados — mantém-se prisioneiro de "regras" impostas por essas bases mecanicistas. Uma evidência dessa afirmação é o predomínio de práticas classificatórias, uma postura organizacional que estimula a competição e deixa transparecer vestígios da força do mecanicismo. É bom lembrar que um dos "dogmas" centrais do mecanicismo é a insistente busca do padrão e da objetividade em face do "culto" à precisão e ao homogêneo. A eleição de Henry Ford como o empresário do século XX, no limiar do século XXI, é um exemplo recente.

Tradicionalmente, avaliar pessoas está intimamente associado à ideia de classificação da superioridade de uma pessoa em relação à outra, a partir de resultados de trabalho. Nessa perspectiva, avaliar implica transformar a qualidade individual em um elemento que pode ser comparado de modo objetivo através de "medidas justas". Práticas de avaliação assentadas nesses valores não valorizam diferenças individuais e desconsideram o modo de cada um estar no mundo.

Abordagens demasiadamente orientadas para o mercado tornam-se questionáveis por se assemelharem a estas, tradicionais, cujo foco é a busca da classificação de quem é melhor e de quem é pior — o que resulta na desvalorização das diferenças e na desconsideração do fato de que cada pessoa possui qualidades próprias insubstituíveis. É provável que a superação desse significativo obstáculo aos avanços na avaliação de resultados humanos dependa intimamente da quebra do paradigma científico predominante — a rejeição a tudo que foge à regra, ao que é diferente.

Outro vestígio da presença da visão científica tradicional é o predomínio de métodos de avaliação que enfatizam o controle de resultados demasiadamente centrados na análise quantitativa, em detrimento da qualitativa. Trata-se de uma manifestação da lógica reducionista, tradicional, na avaliação de resultados.

O interesse em investimentos que priorizam exclusivamente o aperfeiçoamento de detalhes técnicos também sinaliza a dificuldade de enxergar novas possibilidades de gerenciamento de resultados humanos, assentadas em bases distintas das tradicionais.

De modo geral, as práticas tradicionais fundamentam-se em pressupostos econômicos tradicionais, para os quais as pessoas são *um número de matrícula no crachá*. Tais posturas estimulam o atendimento exclusivo de necessidades organizacionais e se tornam cegas e alheias às necessidades individuais. Isso, por serem transformadas em um fim em si mesmas, caracterizando-se como técnicas desvinculadas do negócio, já que não têm por finalidade verificar o nível de contribuição das pessoas e equipes a esse mesmo negócio. Além disso, quase sempre participação, autodesenvolvimento e tratamento digno são fantasias utópicas, de convivência impossível devido à ávida busca, a qualquer preço, de patamares crescentes de competitividade.

Tendências contemporâneas de avaliação convidam à substituição de práticas centradas na análise mecânica do trabalho e no julgamento por outras, nas quais o poder é exercido como uma forma de aprendizagem e de educação. Nestas, o homem passa a ser o centro da tomada de decisão, sendo o respeito e a valorização de diferenças condições *sine qua non*.

Nessa perspectiva, na trajetória de busca da excelência de resultados, o centro do poder organizacional desloca-se de uma visão mecânica para outra mais orgânica, por demandar a verificação do nível de agregação de valor ao negócio. Nessa travessia, o papel da liderança é fundamental — afinal, a não avaliação da contribuição individual e da equipe representa perda de vantagem competitiva, podendo acarretar sérios prejuízos financeiros à empresa. Entretanto, nem sempre há disponibilidade e prontidão para o abandono de modelos tradicionais, caracterizados por uma visão fundamentada em regras e predeterminações, de modo a se implementar novas formas de gestão de resultados que visam o desenvolvimento de potencialidades e competências.

Mudanças dessa natureza dependem de alterações nas bases de sustentação e exigem coragem para transgredir dogmas impostos pelo mecanicismo, desejo de libertação da ilusória segurança oferecida por modelos que buscam a semelhança na diferença e disponibilidade para lidar com a diversidade humana.

Fundamentalmente, essa trajetória impõe o abandono da metáfora, da busca do sistema de avaliação de desempenho ideal em si mesmo — um desejo construído a partir de uma filosofia determinista que apregoa serem as verdades absolutas (dogmas) as únicas possibilidades.

Diálogo: uma quebra de paradigma na avaliação

> *"Nada a fazer é absolutamente seguro.*
> *Não causa controvérsia."*
> G. Benveniste

A partir da década de 1980, o contexto de negócio e os desafios da competitividade obrigaram as organizações a despertarem para a necessidade de implementar sistemas de desempenho alinhados com os novos paradigmas de gestão — os tradicionais haviam se tornado inúteis.

O fornecimento de subsídios relevantes à tomada de decisão passou a ser uma exigência crescente, tornando os sistemas de desempenho um meio que capacita a organização a influenciar o comportamento humano. A título de ilustração, convém examinar, na tabela abaixo, os resultados de uma pesquisa realizada por C. A. Peck, em 1984, em uma amostra de 510 empresas. Nesses resultados, pode-se verificar a ampliação das finalidades que vêm sendo associadas à avaliação de desempenho.

Finalidade	Total
Aumento de mérito	459
Feedback quanto aos resultados	442
Planejamento do trabalho	401
Insumos para treinamento e desenvolvimento	352
Identificação de potencial	346
Identificação de competências	236
Fonte: Peck (1984).	

O abandono das práticas de gerenciamento de resultados tradicionais começou a se tornar mais visível a partir da década de 1990, que assistiu ao significativo aumento das pesquisas interessadas em transformar a avaliação de desempenho num instrumento de gestão para alavancar a efetividade organizacional, na tentativa de superar as severas críticas que vinha sofrendo por não agregar valor. Em face da excessiva ênfase em procedimentos burocráticos, esse instrumento era percebido como desnecessário e como desperdício de tempo. Apesar da arraigada imagem de ineficácia da tradicional avaliação de desempenho, Lawler, Mohrman e Resnick vêm insistindo em apontar o relevante papel que essa prática desempenha na sustentação da competitividade, afirmando ser possível tornar realidade sistemas de desempenho efetivos.

Sem dúvida, as organizações interessadas em avançar nessa direção preocupam-se em verificar a contribuição da força humana nos resultados organizacionais por compreenderem que investimentos em refinamentos técnicos e metodológicos, exclusivamente, não garantem sistemas de desempenho efetivos.

No ambiente público, principalmente na década de 1990, evidenciaram-se esforços de mudança no sentido de implementar uma gestão de pessoas centrada em resultados, o que revelou uma crescente preocupação com a busca da revitalização do serviço público. O elevado número de pesquisas vinculadas à avaliação de resultados realizadas no período 1990-97 comprova a crescente importância do tema. A título de ilustração, vejamos, segundo minha percepção, as mais relevantes no quadro a seguir.

Pesquisas sobre temas relacionados com a avaliação de desempenho no ambiente público (1990-97)

Ano	Título do artigo	Ideias centrais (foco)
1990	The motivational bases of public service	Motivos racionais, normativos e afetivos que afetam a motivação no serviço público.
1991	Recycling program design, management and participation: a national survey of municipal experience	Impactos da participação do cidadão (democratização do planejamento e do delineamento de processos) na efetividade da estratégia.
	The challenge of public service: dillemas, prospects and options	Revitalização do serviço público a partir de sistemas de mérito.
	Management improvement strategies: linking practitioners and academics	Busca do aumento da efetividade organizacional ou proteção e maximização dos interesses do grupo?
	The senior executive service: is it improving managerial performance?	Proposição de um modelo para verificar a contribuição gerencial ao negócio.
1992	Get ready: the time for performance measurement is finally coming	Apoio legal à implementação da avaliação de desempenho no âmbito governamental baseado em indicadores de desempenho.
	Strategic public administration and management	Proposição de um modelo "ótimo" para o gerenciamento de organizações complexas que favorece a identificação de prioridades de objetivos e metas públicas.

cont.

Ano	Título do artigo	Ideias centrais (foco)
	A foundation of good management practice in government: management by objectives	Impactos da gestão centrada em objetivos na produtividade.
	The case for performance monitoring	Questionamentos quanto à utilidade da monitoração de sistemas de desempenho no ambiente público
1993	Directories of democracy and bureaucracy: a current review	Relação entre democracia e instituições burocráticas
1994	Innovation in public management: the adoption of strategic planning	Condições que impulsionam a inovação organizacional: recursos, liderança, orientação para o cidadão e disseminação de informações.
	Learning and the reinvention of public sector organizations	Importância da postura de aprendizagem no contexto organizacional.
	At last, an alternative to performance appraisal: total quality management	Questionamentos quanto à adequação da ênfase em sistemas de desempenho centrados no indivíduo no ambiente público.
1996	Public personnel management and democratization on: a view from three Central American republics	Transição de sistemas de mérito tradicionais para sistemas democráticos no ambiente público.
	The big questions of public administration in a democracy	Obstáculos relevantes à gestão do desempenho em ambientes públicos: normas excessivas, descomprometimento com os propósitos organizacionais e dificuldades para mensurar resultados.
	The new science of administration: chaos and quantum theory	Vinculação das novas ciências com a teoria e a prática da gestão pública.
1997	Race, sex and performance ratings in the federal service	Impactos dos preconceitos racial e sexual na percepção de resultados no setor público.
	Bureaucracy and democracy: the case for more bureaucracy and less democracy	A burocracia como um problema governamental.
	Total quality management: a selective commentary on its human dimensions	Dimensões humanas do gerenciamento pela qualidade total: liderança, motivação para o trabalho, participação e coesão da equipe.
	Performance-based organizations: assesing the Gore Plan	Proposição de um plano objetivando apoiar a mudança de organizações burocráticas em organizações com foco em resultados.

Fonte: Seleção de pesquisas cujo foco de investigação está vinculado direta ou indiretamente à avaliação de resultados em ambientes públicos da *Public Administration Review*.

Uma hipótese para o lugar de destaque que os sistemas de desempenho vêm assumindo no contexto público está vinculada ao aumento da exigência do cidadão. Preocupações relacionadas com a necessidade de aumentar a produtividade e atender a objetivos e metas públicas vêm exigindo o abandono de práticas de gestão tradicionais para a avaliação de *performance*.

Contudo, a inserção de práticas contemporâneas de gestão no ambiente público tem sido um desafio gerador de questionamentos instigantes, que merecem reflexão. Qual a utilidade da monitoração de resultados no ambiente público? As culturas enraizadas no setor público são favoráveis à adoção de uma ideologia meritocrática, definida por Lívia Barbosa como a de reconhecimento público da qualidade das realizações individuais? Como mensurar o desempenho? A liderança está preparada para gerir a mudança de uma cultura burocrática e centrada em vínculos pessoais para outra que valoriza a competência?

Entre os obstáculos que impedem avanços no gerenciamento do desempenho em ambientes públicos destacam-se o burocratismo, a ausência de abertura para o desenvolvimento de competências interpessoais, a falta de respeito pela diferença, as mudanças impulsionadas apenas por pressões externas, a ausência de patrocínio governamental e da alta direção, e o não exercício da cidadania.

A palestra proferida pelo dr. Dale — docente da Universidade de Nebraska — na EBAPE em 1999 constitui outra nítida evidência da intensa pressão externa que o setor público vem sofrendo para promover mudanças em seus modelos e práticas. Em linhas gerais, o tema central da palestra foi o novo paradigma de gestão pública — *new public management* —, que requer a migração de métodos usados na iniciativa privada para a organização pública.

Entretanto, considerando-se que os parâmetros que vêm norteando tais mudanças têm suas origens em realidades americanas, no Brasil, especificamente, essa travessia tem sido difícil — segundo Lívia Barbosa em *Igualdade e meritocracia: a ética do desempenho nas sociedades modernas* — sobretudo por causa da ausência de ideologia meritocrática. Em palestra realizada na EBAPE por ocasião do lançamento de seu livro, a autora afirmou que, à semelhança do que ocorre em outros países, a adoção da ideologia meritocrática torna-se fundamental, caso o Brasil queira inserir-se no rol dos países competitivos. Porém, na medida em que controle e meritocracia estão intimamente relacionados, convém refletir com seriedade sobre os dilemas que o conceito impõe.

Lívia Barbosa destacou ainda que, apesar de a Lei do Mérito estar implantada há quase 50 anos, o sistema meritocrático brasileiro continua se fundamentando em relações pessoais, dificultando o gerenciamento com foco em resultados. Por isso, fundamentalmente, a remuneração variável revela-se uma utopia distante nas organizações públicas brasileiras.

Em contrapartida, os resultados da pesquisa descrita neste livro de Lívia Barbosa revelam que, nos Estados Unidos — nosso balizador de modernidade desde a II Guerra Mundial, segundo a autora —, a ideologia moderna de hierarquização social é um critério legítimo. Entretanto, a crescente demanda imposta pela globalização constitui uma questão séria nos países latino-americanos, incluindo o Brasil, devido à predominância da dimensão negativa da meritocraria, que se manifesta na descrença de que a ascensão social seja uma consequência dos resultados obtidos. Evidências objetivas têm demonstrado que, em nosso país, a mobilidade social decorre de vínculos pessoais. Daí, segundo a autora, o profundo descomprometimento da realidade organizacional brasileira com a avaliação do desempenho, quer em ambientes privados, quer em públicos. De modo geral, eles resistem à crença de que as pessoas são a mola mestra do funcionamento de uma organização.

Caso se considere a meritocracia uma permanente fonte de problemas, torna-se fundamental identificar os obstáculos aos avanços em sistemas de desempenho, de modo a gerenciá-los adequadamente, se houver de fato interesse na sustentação de práticas de gestão de pessoas orientadas para resultados.

Bresser Pereira — um dos participantes do debate realizado na ocasião —, considerando a meritocracia uma ideologia da burocracia, salientou que, no serviço público brasileiro, a avaliação de desempenho é apenas um discurso que interessa à burocracia. Argumentou apontando o DAS como um exemplo de reconhecimento e valorização de pessoas. Afirmou ainda que no Brasil, paradoxalmente, busca-se a modernidade e a fidelidade às tradições, simultaneamente. A avaliação informal existe, mas a prática é descontinuada quando se trata de atribuir "notas". Edson Nunes, outro docente convidado para o debate, salientou o problema do alto preço pago pelo indivíduo na busca exacerbada de resultados competitivos: o estresse.

Alguns participantes do evento revelaram preocupação com a implantação da ideologia meritocrática nas organizações. Uma dessas preocupações está relacionada à padronização de procedimentos que impede o indivíduo de se manifestar criativamente. Outra crítica diz respeito a sistemas de desempenho com valores culturais distintos dos nossos, apesar de bem-sucedidos em outros países. Finalizando, Lívia afirmou que, no Brasil, não existe ideologia meritocrática e que a questão é polêmica em qualquer burocracia, na medida em que suscita a ideia de vencedores e perdedores.

Sem dúvida, a vinculação positiva entre resultados e recompensas sustentada pelos novos paradigmas de gestão não se constrói da noite para o dia. Porém, é notório constatar que inúmeras empresas, em ambientes tanto públicos quanto privados, ainda se encontram distanciadas de concepções avançadas de sistemas de desempenho, caracterizadas fundamentalmente pela vinculação com o negócio (foco organizacional) e com mecanismos motivacionais (foco motivacional).

Foco organizacional

Contrariando as tendências contemporâneas de gestão — o homem, e não o trabalho, deve ser o centro da tomada de decisão —, um elevado número de organizações concentra-se na geração de recursos financeiros, em detrimento de investimentos no desenvolvimento do potencial humano, como uma estratégia de negócio para a obtenção de resultados competitivos. Outra postura tradicional comumente adotada é a ausência de um processo de gerenciamento de resultados que enfatize o planejamento, o acompanhamento, a análise e a avaliação de contribuições individuais e de equipe ao negócio — o que denota despreocupação com a vinculação do desempenho ao negócio.

Gradativamente, as formas tradicionais de gerenciar resultados humanos vêm sendo substituídas por modos avançados, que consideram, por exemplo, a equipe como a base da execução. Mohrman e Lawler afirmam que o trabalho em equipe está sendo compreendido como unidades executantes, em face das demandas de organizações horizontais, cujo foco do gerenciamento são as ligações entre os executantes. Convém destacar que essa tendência do deslocamento do foco do desempenho individual para o da equipe implica a redefinição de requisitos e papéis no contexto da equipe e da organização, a inclusão do indivíduo no processo decisório, o fomento da prática cliente-fornecedor, a ênfase na interdependência de resultados, entre outras consequências.

De modo geral, a avaliação tem sido empregada como uma técnica assentada numa concepção errônea, cuja finalidade principal é informar o funcionário sobre a classificação que obteve. Classificar quem é melhor e quem é pior, além de denotar perda do foco organizacional, estimula um perigoso poder destrutivo, fomentando a competição e jogando uns contra os outros. Em contrapartida, avanços em gestão de resultados estimulam a cooperação — considerada um dos fenômenos responsáveis pela evolução do grupo em equipe.

Daí serem essas técnicas ineficientes, ineficazes e inúteis, na medida em que adotam critérios subjetivos vinculados a realizações passadas, o que em última instância reduz o desempenho humano a uma questão de caráter estritamente individual, associada à personalidade do indivíduo e/ou às responsabilidades do cargo.

Publicações recentes do pesquisador E. E. Lawler mostram claramente que o homem é a mais poderosa fonte de vantagem competitiva. Fatos comprovam que, quanto maior o envolvimento empregatício, mais relevante é a contribuição para o negócio. Investir no desenvolvimento do potencial humano é uma condição *sine qua non* para preparar o homem para intervir de modo consciente em situações que demandam alteração de rumos, determinação de metas e enfrentamento dos desafios organizacionais exigidos pela nova visão paradigmática de gestão.

No Brasil, investimentos com essa finalidade são escassos em face das resistências. Sistemas avançados de avaliação de resultados têm o foco no desenvolvimento das pessoas, provavelmente por idealizarem uma concepção de homem distinta daquela construída a partir dos pressupostos mecânicos tradicionais, que enfatizam o controle.

Foco motivacional

Abordagens contemporâneas de gestão de resultados salientam a influência da motivação nos resultados. Lawler realizou uma série de pesquisas, especificamente a partir de 1971, ratificando a forte vinculação entre a motivação para o trabalho e níveis crescentes de excelência de resultados, requeridos por organizações de alto envolvimento.

Embora seja notória a influência de recompensas extrínsecas associadas ao poder e ao dinheiro na motivação para o trabalho, nessa realidade contemporânea — em que o valor do capital humano é estipulado pelo mercado —, uma gestão avançada de resultados privilegia os pressupostos da teoria Y, que afirma que a motivação para o trabalho provém tanto de recompensas intrínsecas quanto de extrínsecas.

Em circunstâncias específicas, o *feedback* — uma das recompensas intrínsecas que desempenha importante papel no aumento do nível motivacional, na medida em que eleva a autoestima —, quando aliado a outras recompensas extrínsecas, como promoções e ganhos salariais, estimula sentimentos de valorização e de reconhecimento.

O sentimento de autorrealização também atua como outra possibilidade de motivação intrínseca. Por exemplo, a participação em trabalhos estimula esse sentimento, uma vez que possibilita ao indivíduo fazer o que sabe, o que deseja e o que acredita. A citação nietzschiana "Sê quem tu és!" parece traduzir o significado que o sentimento de autorrealização desperta. Nesta virada de século, época em que valores neoliberais — que privilegiam o que se tem e não o que se é — permeiam práticas de gestão de resultados orientados para o mercado, ser quem se é em ambientes organizacionais, apesar de parecer utópico, estimula o sentimento de autorrealização, transformando-o em uma poderosa alavanca para melhorias de resultados.

O fato é que, se a motivação para o trabalho influencia positivamente, o processo de avaliação de resultados constitui-se um instrumento de gestão, principalmente se o estímulo à motivação para o trabalho tiver como fonte a ampliação da autonomia, a inclusão no processo decisório, a intensificação do conhecimento e a vinculação das recompensas aos resultados obtidos. Mas são raríssimas as organizações que conseguem tal intento, talvez por desconhecerem teorias motivacionais, talvez por incompetência gerencial, talvez por não comprometimento com avanços na área de avaliação de resultados.

Por advogar a sustentação da motivação para o trabalho, a perspectiva contemporânea da gestão de resultados pressupõe que o processo de avaliação deve estimular melhorias a partir de intervenções subsidiadas por informações provenientes do processo de acompanhamento. Esse enfoque deve apontar problemas e também encontrar soluções para implementar melhorias de desempenho. Atualmente, não se considera avaliar, simplesmente, a identificação de discrepâncias. Análises, apoiadas em observações sistemáticas, devem subsidiar encaminhamentos decorrentes, visando o desenvolvimento de pessoas e equipes.

A experiência profissional permite relacionar algumas das características mais relevantes de práticas avançadas de gestão de resultados:

- forte vinculação ao negócio;
- alinhamento entre objetivos organizacionais e individuais;
- preocupação com o bem-estar das pessoas;
- deslocamento da ênfase em sistemas uniformes, que tratam todos da mesma maneira, para a busca da promoção do crescimento pessoal;
- metodologias participativas que enfatizam o planejamento, o acompanhamento, a análise e a avaliação de resultados;
- ausência de burocracia;
- reconhecimento da equipe como unidade executante;
- fomento da prática cliente-fornecedor;
- estímulo ao diálogo;
- busca de envolvimento;
- múltiplas fontes de avaliação;
- vinculação a recompensas;
- estímulo ao desenvolvimento de competências múltiplas.

Considerando as condições necessárias ao enfrentamento dos desafios da competitividade, Lawler destaca características presentes em organizações de alto desempenho e relacionadas ao gerenciamento de resultados. São elas:

- sistemas de desempenho estruturados de modo a apoiar o esforço coletivo;
- objetivos de desempenho grupal definidos e medidos com base no consenso;
- verificação do grau de contribuição dos indivíduos aos objetivos da equipe, bem como da equipe aos resultados organizacionais;
- *feedbacks* de desempenho oportuno e compartilhado com a equipe;
- recompensas que estimulam o desenvolvimento de competências, o comportamento cooperativo e autogerenciado, e as contribuições ao negócio;
- estímulo ao movimento horizontal e à qualificação multifuncional;
- busca do envolvimento empregatício.

Outra tendência que ganha força é o olhar plural da avaliação, ou seja, a avaliação de 360 graus. Trata-se de um dos mais relevantes avanços no campo da gestão de resultados humanos, caracterizado por ser uma abordagem que privilegia o diálogo entre todas as pessoas afetadas pelos resultados — pares, clientes, usuários, liderança, inclusive a própria pessoa. Em outras palavras, é um modo de gerenciamento centrado em *feedbacks*, razão pela qual acarreta intensa resistência, por substituir a exclusiva análise quantitativa tradicionalmente empregada por dados qualitativos.

Sintetizando, as tendências contemporâneas de avaliação sinalizam a importância de um processo de acompanhamento para se obter informações úteis à tomada de decisões relativas ao reconhecimento e à valorização, utilizando-se de inúmeras fontes de avaliação ao invés do exclusivo julgamento pela chefia (heteroavaliação).

Mas, apesar dos rumos apontados por essas tendências e da consciência de que uma das consequências do aumento da complexidade organizacional é a exigência de um permanente fluxo de informações atualizadas sobre as contribuições das pessoas para os resultados desejados, a avaliação é uma tarefa cotidiana, independentemente de haver ou não um processo formalizado. Pessoas e equipes estão sendo constantemente avaliadas por superiores, pares, subordinados e até mesmo por elas próprias, por tratar-se de uma consequência inevitável ao funcionamento das organizações.

Mas, por que é tão difícil manter processos efetivos de avaliação, mesmo em organizações bem-sucedidas? Aparentemente, avaliar o desempenho é simples — uma pessoa observa a *performance* de uma outra enquanto realiza um trabalho e analisa se o desempenho foi ou não satisfatório. Na prática, porém, tais procedimentos revelam-se substancialmente mais complexos do que aparentam ser à primeira vista.

Em linhas gerais, as resistências à mudança assumem múltiplas facetas, entre as quais a postura tradicional de avaliar desempenho: "sempre avaliei as pessoas desse jeito, por que devo mudar?" O gerenciamento da mudança para a concretização dessa visão — sustentação de um processo de avaliação de resultados capaz de tornar as pessoas motivadas e comprometidas com resultados — constitui um dos maiores desafios organizacionais.

> "O que cada vez mais afeta a todos nós, profissionais que preparam o futuro, não são as coisas concretas da vida — números finais do demonstrativo de resultados de uma empresa, por exemplo —, mas as coisas não palpáveis: nossas esperanças, medos, crenças e sonhos. Apenas histórias — cenários — e nossa capacidade de visualizar tipos diferentes de futuro conseguem captar adequadamente essas coisas intangíveis [...]" (Peter Schwartz).

Para tanto, torna-se fundamental o delineamento de estratégias efetivas capazes de criar condições favoráveis à promoção de avanços, cujo ponto de partida parece ser a tomada de consciência — por meio da identificação das facilidades e dos obstáculos — de aspectos da cultura organizacional que afetam o processo de gestão de resultados.

A experiência profissional destaca que o comprometimento gerencial com resultados é uma das condições que mais favorecem a gestão dessa mudança exigida pelo contexto de negócio contemporâneo. Em contrapartida, os obstáculos que mais a afetam vinculam-se à despreocupação com o alinhamento de objetivos organizacionais e individuais e à incompetência gerencial para estimular o envolvimento através de um gerenciamento participativo.

Considerando que um dos caminhos eficazes para se promover avanços em práticas destinadas à gestão do desempenho humano inicia-se pela adequada compreensão das fontes de obstáculos que impedem tal intento, convém comentar alguns dos obstáculos mais frequentes em organizações, públicas e privadas.

Um dos mais significativos obstáculos está diretamente vinculado às variáveis intervenientes que afetam a percepção pessoal. Estas podem distorcer a realidade e acarretar conflitos. No processo de avaliação de resultados, a autopercepção da própria competência pode diferir da percepção do outro (heteropercepção), gerando conflitos às vezes insuperáveis.

Contudo, convém destacar a importância da competência gerencial para administrar conflitos, principalmente desencadeados por práticas avançadas de gestão de resultados que incluem o diálogo. Sem dúvida, estes são inevitáveis, uma vez que o diálogo envolve o encontro de pelo menos dois seres humanos, com suas idiossincrasias, esperanças, medos e valores.

É provável que esta seja a razão da ausência de avaliação como processo de diálogo permanente. O deslocamento do foco da avaliação como instrumento de punição para um outro, centrado no diálogo, tem sido lento e gradativo, pois gera resistência principalmente na liderança.

Mas esta é apenas uma das formas assumidas pela resistência à mudança, que se revela através de múltiplas facetas, constituindo um dos problemas mais frequentes nos cotidianos organizacionais. Exemplo desta afirmação é o fato de um número significativo de empresas, procurando evitar o risco de enfrentar conflitos, optar pela não adoção de práticas de avaliação de resultados.

É importante mencionar que os conflitos gerados por esses obstáculos frequentes nas organizações — principalmente a resistência à mudança, o descomprometimento com resultados e a distorção perceptual — manifestam-se de formas distintas, impedindo a transformação desse instrumento de gestão em uma alavanca para a geração de resultados eficientes, eficazes e efetivos.

No tocante ao planejamento de resultados, os obstáculos mais comumente encontrados são:

- falta de conhecimento do cenário empresarial;
- falta de clareza quanto às necessidades do negócio;
- ausência de foco no cliente;
- ausência de um processo de planejamento estratégico integrado;
- ausência de uma cultura de gerenciamento através de metas;
- incompetência gerencial para definir, delegar e negociar metas;
- deficiências na comunicação interpessoal;
- falta de credibilidade no processo e na liderança;
- ausência de transparência;
- não inclusão das pessoas no processo decisório;
- presença de sentimentos de medos (da mudança, de errar e de aceitar níveis crescentes de desafios profissionais).

Quanto ao acompanhamento de resultados, este tem sido prejudicado por:

- falta de credibilidade no processo;
- ausência de uma cultura de acompanhamento de resultados;
- cultura de "busca do culpado";
- deterioração da relação de confiança entre gerente e subordinado;
- incompetência gerencial para compartilhar *feedbacks*;

- incompetência gerencial para atuar como orientador e educador;
- ausência de diálogo;
- incompetência gerencial para identificar pontos fortes e fracos em pessoas;
- medo de enfrentar conflitos;
- resistência a críticas;
- rejeição a cobranças.

Na avaliação de resultados propriamente dita é importante destacar os problemas relacionados a seguir — geradores de significativos conflitos:

- falta de informações sobre os rumos empresariais;
- pouco conhecimento do negócio e das necessidades do cliente;
- incompetência gerencial para estimular o atingimento de metas;
- estabelecimento de indicadores de desempenho inadequados;
- inflexibilidade gerencial para reavaliar e renegociar metas e resultados;
- aplicação de critérios padrões;
- incompetência da liderança para fazer acontecer;
- falta de confiança na liderança;
- dificuldade de ouvir o outro;
- incompetência para dar e receber *feedback*;
- discrepância entre auto e heteropercepção;
- ausência de reconhecimento;
- falta de planos de carreira construídos em parceria;
- ausência do desejo de autodesenvolvimento;
- superdimensionamento de metas;
- medo de críticas, de ser rotulado, da exposição de pontos fracos, de assumir consequências, de punições, de registros distorcidos e do fracasso, principalmente.

Considerando que os obstáculos evidenciam aspectos culturais que dificultam avanços em práticas de avaliação, o delineamento de estratégias adequadas é um passo fundamental para a transformação de culturas tradicionais — defensoras da avaliação de desempenho — em culturas propícias ao gerenciamento de resultados humanos apoiados em paradigmas contemporâneos.

Embora as tendências contemporâneas sinalizem o envolvimento empregatício como uma das estratégias efetivas adotadas por organizações de alto desempenho na busca de patamares crescentes de desempenho competitivo, a maioria dos obstáculos descritos decorre da não participação das pessoas em decisões estratégicas e de trabalho.

CAPÍTULO 6

Pesquisa, um olhar para a realidade

> *"No futuro, será urgente uma mudança de mentalidade e na prática dos administradores de todos os níveis. Em torno da administração participativa aparecerá o que denominarei administração inteligente do futuro."*
> Omar Aktouf

Os resultados de pesquisas[3] recentes desenvolvidas no Centro de Efetividade Organizacional da Universidade da Califórnia do Sul, e coordenadas por Edward. E. Lawler, destacam, em síntese, que a busca da excelência de resultados que agregam valor ao negócio está intimamente relacionada à participação na tomada de decisão. Em outras palavras, a participação é uma estratégia efetiva para a sustentação do desempenho competitivo.

Tais pesquisas abrangem mil empresas bem-sucedidas e autorizam Lawler a afirmar que estratégias efetivas para assegurar a competitividade — base da orientação centrada no mercado — enfatizam a inclusão das pessoas nas tomadas de decisão, visando o aumento do comprometimento com resultados e o consequente aumento da contribuição para o negócio.

A partir desses estudos sistemáticos, Lawler verificou que, independentemente de motivações mercadológicas, a aceitação de novas formas de gerenciamento tem sido lenta e gradativa, mesmo em empresas privadas norte-americanas, nascidas em contextos culturais favoráveis à aceitação de ideologias meritocráticas. Segundo os dados obtidos, a lentidão do processo de mudança decorre da resistência organizacional em abandonar modelos de gestão tradicionais construídos em bases mecanicistas.

---

[3] Essas pesquisas encontram-se mencionadas em *Strategies for high performance organizations: the CEO report; employee involvement, TQM, and reengineering programs in Fortune 1000 corporations* (1998) e em *Creating high performance organizations: practices and results of employee involvement and total quality management in Fortune 1000 companies* (1995).

Surpreso, Lawler constatou que apenas 10% das empresas pesquisadas adotavam práticas de gestão apoiadas nos princípios da nova lógica de gestão. O estudioso supõe que tais resultados desfazem a imagem construída pela mídia de que um número significativo de empresas norte-americanas está empreendendo esforços de mudança, visando ampliar o envolvimento das pessoas com o negócio, através da adoção de modelos avançados de gestão apoiados em métodos participativos.

Resumidamente, os principais resultados obtidos nas pesquisas foram os seguintes:

- comparando-se os resultados das pesquisas realizadas em 1993 com as realizadas no decorrer de 1996, verificou-se que um percentual significativamente maior de organizações — quase 75% das empresas pesquisadas — adotou métodos apoiados na nova lógica de gestão, sendo os mais comumente adotados a gestão pela qualidade e o envolvimento empregatício;
- as práticas adotadas não objetivavam a promoção de mudanças na organização como um todo — houve concentração de esforços em setores específicos da organização.

Diante do baixo índice de empresas que aderiram a práticas inovadoras ao longo de 1996, Lawler questiona que razões levaram as organizações pesquisadas a não adotar métodos apoiados na nova lógica de gestão, já que esses métodos constituem fontes poderosas de vantagem competitiva. Lawler afirma que as possibilidades de resposta são inúmeras e supõe que a maioria esteja vinculada ao poder de influência das pessoas para favorecer ou impedir o enraizamento desses novos princípios organizacionais subjacentes aos paradigmas emergentes.

Refletindo sobre os resultados obtidos pela equipe do referido centro, amplio o olhar sobre a situação brasileira. No Brasil, observações empíricas permitem afirmar ser notória a rejeição dessas práticas, especialmente por parte da liderança. Daí a íntima relação entre mudanças organizacionais efetivas e modo de atuação da liderança, devido ao fato de as práticas de gestão serem prolongamentos de crenças e valores enraizados. Cabe lembrar que, desde os primórdios da administração, no século XIX, a prática gerencial fundamenta-se nos pressupostos da teoria X, que advoga a acentuada necessidade de previsão e controle de acontecimentos.

Mas, apesar de a resistência à participação ser um fato — pois nem toda cultura organizacional favorece a gestão participativa —, no Brasil algumas organizações ousam obter melhorias de resultados através dessa prática. A Semco é um exemplo clássico nacional, ressaltado inclusive por Aktouf (1996).

Salvo raras exceções, a participação é percebida com receio no contexto organizacional, apesar de sua reconhecida importância na motivação para o trabalho, tendo em vista que estimula sentimentos de pertencimento ou de inclusão — que, à luz da teoria de William C. Schutz, diz respeito à associação entre pessoas. Práticas de gestão de resultados apoiadas na participação não são de fácil aceitação, principalmente por parte da liderança.

Um dos obstáculos à adoção de métodos participativos de gestão vincula-se a ideias distintas sobre participação. Alguns estudiosos privilegiam a participação individual, exercida em nível de posto de trabalho e apoiada na competência profissional. Outros enfatizam a participação através de representação.

Em seus primórdios, o conceito de gestão participativa inaugurado por Gelinier e adotado na indústria automotiva — cujo exemplo clássico remonta às cadeias de montagem da GM — restringia-se à ampliação das possibilidades de participação do trabalhador em estruturas organizacionais faraônicas das grandes empresas.

Hoje, apesar da crescente compreensão dos impactos dessa variável no desempenho de pessoas e equipes, resultados de pesquisas recentes sinalizam que algumas organizações ainda não compreenderam que quanto maior a consciência das necessidades do negócio, maior a possibilidade de agregação de valor. Em outras palavras, a alienação do trabalhador é indubitavelmente um dos obstáculos à promoção de avanços na gestão de resultados, sendo o descomprometimento com resultados uma das consequências relevantes.

Aktouf afirma que a alienação do trabalho é o ponto nevrálgico da desumanização organizacional. Segundo ele, o trabalhador aliena-se vendendo a sua força de trabalho de modo a contribuir para a sustentação de um poder exterior a ele (mercadorias e lucro, por exemplo), de maneira geral hostil e desumanizado, em detrimento do que há de humano dentro dele — a satisfação de necessidades pessoais, por exemplo.[4]

Sandalio Gómez comenta que, à diferença das nações ocidentais, o Japão é, historicamente, um dos países que mais tem praticado métodos participativos, caracterizados pelo compartilhamento da informação e pela prática do consenso.

Uma evidência da importância da participação do trabalhador como estratégia de melhoria de resultados foi a pioneira e inovadora experiência japonesa dos círculos de controle de qualidade (CCQs). Segundo os críticos, não há participação de fato do trabalhador em tais círculos, na medida em que o escopo de atuação restringe-se ao trabalho executado — as pessoas não têm poder de influência no âmbito estratégico.

---

[4] Aktouf (1996:239-40).

Convém ratificar a importância do contexto cultural para a sustentação de práticas participativas de gestão. Algo sem dúvida difícil para a maioria das organizações ocidentais.

Considerando que a cultura ou ideologia organizacional — conjunto de crenças e valores da maioria das pessoas da organização — modela posturas e decisões e, portanto, afeta positiva ou negativamente o gerenciamento de resultados, é essencial compreender o contexto em que essa prática ocorre para construir estratégias de mudança eficazes.

Especialmente no tocante à gestão de resultados, a cultura desempenha o papel de sinalizador das qualidades pessoais a serem valorizadas, ajudando a definir o nível de colaboração desejada, a indicar como o comportamento deve ser controlado e que espécies de controles devem ser utilizados, e a estabelecer a forma apropriada de lidar com o meio externo.

Apoiadas nas suposições de Roger Harrison — que pesquisou o desenvolvimento de aptidões gerenciais no campo do exercício da influência e do poder decisórios e, posteriormente, a organização e a criação de métodos mais eficazes para a formação de gerentes e consultores —, as ideologias que mais favorecem avanços na gestão de resultados são aquelas orientadas para o trabalho e para a pessoa. Suas características relevantes encontram-se descritas a seguir.

A organização orientada para a tarefa preocupa-se primordialmente com o alcance de resultados eficazes. Caracteriza-se pela flexibilidade e pela agilidade para adaptar-se às mudanças. Regras e regulamentos são alterados para que não atrapalhem a solução dos problemas. Integrantes de equipes são treinados, visando o desenvolvimento das competências técnicas necessárias à execução do trabalho. As pessoas são valorizadas em função do conhecimento técnico, da competência e da capacidade de realização. De modo geral, a liderança é ocupada por pessoas competentes.

Harrison aponta ainda outra possibilidade de ideologia organizacional que favorece avanços. Trata-se da organização centrada na pessoa, cujo principal objetivo é o atendimento de necessidades individuais, visando a sustentação da motivação para o trabalho. A autoridade é pouco exercida, sendo muitas vezes desnecessária. O processo de delegação é conduzido com base em preferências pessoais e em necessidades de crescimento pessoal.

Apesar de as culturas favoráveis à sustentação de avanços serem orientadas para o trabalho e para a pessoa, a história da ciência administrativa e observações empíricas revelam o predomínio de práticas de gestão de resultados assentadas em valores originados de ideologias orientadas para o poder e o papel — uma situação que tem impedido avanços.

A empresa orientada para o poder privilegia o próprio crescimento em detrimento do bem-estar de seus funcionários. O controle é exercido através do poder pessoal e político. Recompensas e punições são meios de valorização de empregados obedientes e fiéis aos interesses da chefia. Profissionais bem-sucedidos na organização demonstram posturas competitivas e são fortemente interessados no poder. Quase sempre as decisões são tomadas pela pessoa que detém o maior poder ou autoridade. Nas empresas em que predomina essa cultura, manter o poder instituído é mais importante do que realizar o trabalho com eficácia.

Segundo Harrison, a orientação das organizações para o papel caracteriza-se pela demasiada preocupação com a legalidade, a responsabilidade e a legitimidade — daí o grande respeito pela hierarquia e pelo *status*. A adaptação às novas formas de gerenciamento de resultados, quando ocorre, se faz lentamente. Nesse contexto, as decisões são previsíveis, pois são tomadas com base em normas, regras, procedimentos e regulamentos. Tais empresas não estão preparadas para lidar com a imprevisibilidade que caracteriza o atual cenário empresarial. Valorizam o cumprimento de ordens em detrimento da obtenção da eficácia na realização do trabalho.

Em linhas gerais, a transição de sistemas de desempenho tradicionais para outros mais avançados não é fruto da espontaneidade. Exige estratégias de mudança capazes de criar condições adequadas à sustentação de transformações que tenham como objetivo o reconhecimento de pessoas e de equipes. Assim sendo, não existem estratégias adequadas em si mesmas para favorecer os processos de mudança desejados. Antes, existem aquelas que se ajustam à realidade por serem adequadas à cultura organizacional.

Seja qual for o processo de mudança em curso, é fundamental a disponibilidade e a abertura da liderança para a mudança. Daí, então, a pergunta: qual o compromisso da liderança com a mudança de modelos e práticas para se gerenciar o desempenho humano? Tudo leva a crer que o papel do líder que se caracteriza pela orquestração do envolvimento da equipe, que fornece orientações e favorece o desenvolvimento substituirá o poderoso gestor centrado no controle homem a homem.

CAPÍTULO 7

Julgamento ou diálogo?

> *"...não há caminho. Fazemos o caminho ao andar."*
> Antonio Machado e Juan Manuel Serrat

Em abril de 2000, a necessidade de investigar a viabilidade dos pressupostos da nova lógica de gestão sustentada por E. E. Lawler e de verificar a existência de posturas que evidenciassem avanços nessa prática levou-me a planejar, coordenar e conduzir uma pesquisa no Rio de Janeiro, especificamente na Ponte S.A., empresa de porte médio, concessionária da Ponte Rio-Niterói S.A. e da Rodovia dos Lagos S.A., e que resultou da fusão das empreiteiras Construtora Andrade Gutierrez e Construções Camargo Corrêa, com a missão de prestar serviços de qualidade aos usuários da ponte envolvendo manutenção, melhoramentos e recuperação.

As razões de minha escolha vinculam-se à crença da empresa nas pessoas como uma fonte de vantagem competitiva insubstituível, crença esta explicitada fundamentalmente em investimentos direcionados à valorização do capital humano.

> "Hoje, a empresa tem que tratar do seu maior capital, da sua maior riqueza, o ser humano".[5]

Entre os investimentos destacam-se os que denotam a preocupação da empresa em manter o foco empresarial tanto em resultados econômicos e financeiros quanto no desenvolvimento de relações interpessoais. Esses investimentos voltam-se sobretudo para:

- busca de uma visão conjunta;
- estímulo ao autoconhecimento e ao conhecimento do outro;
- fortalecimento de relações interpessoais;

---

[5] Depoimento de Flávio Medrano de Almada, diretor-presidente da concessionária Ponte Rio-Niterói S.A. e diretor-geral da concessionária Rodovia dos Lagos S.A., segundo Sharp (1999:22).

- sustentação do nível motivacional;
- busca da melhoria da qualidade de vida;
- alinhamento de valores individuais e organizacionais;
- compartilhamento de metas;
- intensificação do conhecimento;
- desenvolvimento da liderança;
- democratização da informação.

Tomando por base essa filosofia de gestão, a Ponte S.A. tem criado condições favoráveis a avanços em gestão de resultados humanos. Uma dessas condições diz respeito à arquitetura organizacional. Gradativamente, a empresa vem transgredindo o modelo de gestão piramidal, visando o aumento da participação em decisões. Para tanto, tem investido no enraizamento de um modo flexível de organizar o trabalho, caracterizado por um conglomerado de micro e pequenas empresas — a divisão por células —, cujos líderes são estimulados a desenvolver um perfil empreendedor.

Outra característica empresarial que vem incentivando avanços nas práticas de gestão da empresa é a ênfase na construção de parcerias como estratégia para obter ganhos de eficiência, eficácia e efetividade. Na prática, aproximadamente 600 pessoas — funcionários e parceiros — atuam "como se fossem incubadoras, criando assim uma rede de aglomeração".[6]

> "A Ponte S.A. é um núcleo virtual organizado por parcelas de resultados; alguns são funcionários, outros são empresas componentes de uma célula, de um time único que fornece alguns produtos e trabalha como se fosse uma empresa."[7]

Segundo as fontes primárias e secundárias consultadas, duas tendências contemporâneas da gestão de pessoas encontram-se presentes no cotidiano empresarial da Ponte S.A.: a permanente postura de análise do clima organizacional e a vinculação entre recompensas e resultados. No que diz respeito ao clima, a pesquisa revelou o predomínio do sentimento de autonomia, que por sua vez parece estimular a motivação para o trabalho. Em se tratando de consequências financeiras, estas se caracterizam como bônus.

Em linhas gerais, visando superar obstáculos relacionados com a sustentação da competitividade, a Ponte S.A. prioriza estratégias de modernização, adotando novas formas de gestão, compatíveis com os rumos estratégicos institucionais, e que requerem agilidade, flexibilidade e velocidade no trato das necessidades dos clientes.

---

[6] Sharp (1999:21).
[7] Depoimento de Flávio Medrano de Almada em Sharp (1999:23).

É provável que o diferencial da empresa (em relação ao mercado) decorra da ênfase em seu papel social, baseado na crença de que a transformação da sociedade se dá a partir da mudança individual.[8]

"As empresas, para serem competitivas, têm que trabalhar com pessoas felizes e com parceiros, não mais com empregados, agregados ou escravos."[9]

Como já vimos, o cenário corporativo contemporâneo impõe transformações nos modos tradicionais de gestão de resultados humanos, visando assegurar vantagem competitiva. Tecnologias gerenciais efetivas, que estimulam o envolvimento, propiciam o comprometimento com resultados, criando condições favoráveis à sustentação de patamares crescentes de desempenho. Entretanto, práticas avançadas de gestão de resultados exigem mudanças nas bases de gerenciamento predominantes. Nesse sentido, investi na busca de respostas para a seguinte indagação: É possível avançar, num processo de avaliação de resultados, no que tange à busca de patamares crescentes de desempenho, à substituição do julgamento pelo diálogo, à utilização de fontes para apoiar decisões de reconhecimento e à busca de comprometimento de resultados?

Com esse cenário como pano de fundo, foram pesquisadas que posturas, entre as descritas nos quadros a seguir, se encontravam presentes na realidade organizacional no tocante às práticas de gestão de resultados humanos. Os resultados frequenciais obtidos encontram-se descritos a seguir:

Gestão do desempenho
Posturas tradicionais e avançadas

	Busca de níveis crescentes de desempenho competitivo	
	Posturas tradicionais	**Posturas avançadas**
Busca da excelência	• Ausência de planejamento de resultados (12,5%)	• Planejamento de resultados (85%)
	• Ausência de acompanhamento de resultados (2,5%)	• Acompanhamento de resultados (97,5%)
	• Ausência de análise de resultados (5%)	• Análise de resultados (95%)
	• Ausência de avaliação de resultados (15%)	• Avaliação de resultados (80%)
	• Foco exclusivo em resultados finais (2,5%)	• Foco no processo de geração de resultados (65%)

cont.

---

[8] Sharp (1999:24).
[9] Ibid.

Busca de níveis crescentes de desempenho competitivo		
	Posturas tradicionais	**Posturas avançadas**
Busca da excelência	• Foco nas exigências do cargo (27,5%) • Foco em resultados independentes (7,5%) • Foco exclusivo no aperfeiçoamento metodológico e técnico (5%)	• Foco no cliente (52,5%) • Foco na interdependência de resultados (27,5%) • Foco na verificação do nível de agregação de valor (10%)
Bem-estar pessoal	• Foco exclusivo em resultados financeiros (5%) • Foco exclusivo no atendimento de necessidades organizacionais (5%)	• Valorização de ideias e sentimentos pessoais (21%) • Foco no alinhamento de necessidades organizacionais e individuais (16%)

Tomada de decisão	
Posturas tradicionais	**Posturas avançadas**
• Centralização de decisões (32,5%) • Estímulo à participação em decisões relacionadas com o trabalho (32,5%) • Não participação dos envolvidos na definição dos resultados (37,5%) • Não participação dos envolvidos na elaboração de planos de trabalho (2,5%) • Ausência de negociação de resultados (2,5%)	• Descentralização da tomada de decisão (75%) • Estímulo à participação em decisões estratégicas e relacionadas com o trabalho (48%) • Definição de resultados a partir de consenso (45%) • Elaboração de planos de trabalho apoiados nos resultados da avaliação (35%) • Negociação de resultados (32,5%)

Disseminação de informações	
Posturas tradicionais	**Posturas avançadas**
• Ausência de disseminação de informações (2,5%) • Disseminação de resultados a partir de meios formais de comunicação (7,5%) • Disseminação de informações especificamente relativas ao trabalho (40%)	• Disseminação de informações (92,5%) • Disseminação de informações a partir de *feedbacks* (65%) • Disseminação de informações estratégicas e relacionadas com o trabalho (57,5%)

Intensificação do conhecimento	
Posturas tradicionais	**Posturas avançadas**
• Falta de investimentos na ampliação de conhecimentos (85%) • Foco em investimentos dirigidos ao aperfeiçoamento do trabalho (60%)	• Foco em investimentos dirigidos à ampliação de conhecimentos (12,5%) • Foco em investimentos voltados para a qualificação multifuncional (55%)

Reconhecimento e valorização	
Posturas tradicionais	**Posturas avançadas**
• Desvinculação entre resultados e recompensas (32,5%) • Estímulo à motivação para o trabalho exclusivamente a partir de recompensas extrínsecas (15%) • Valorização da senioridade (5%) • Valorização do cumprimento de responsabilidades (30%)	• Vinculação entre resultados e recompensas (60%) • Estímulo à motivação para o trabalho a partir de recompensas intrínsecas e extrínsecas (50%) • Valorização de contribuições ao negócio (32,5) • Valorização da busca de desenvolvimento (13%)

Fontes de avaliação	
Posturas tradicionais	**Posturas avançadas**
• Avaliação exclusiva pela chefia imediata e/ou mediata (15%)	• Avaliação de resultados a partir do olhar plural — lideranças, pares, subordinados, clientes, fornecedores (80%).

Julgamento	Diálogo
Posturas tradicionais	**Posturas avançadas**
• Análise de contribuições sem compartilhamento de *feedbacks* (2,5%) • Análise de resultados apoiada em dados quantitativos (40%) • Foco na identificação de problemas e discrepâncias (37,5%) • Obediência excessiva ao cumprimento de normas e regras (27,5%) • Controle hierárquico *top-down* (2,5%) • Foco em práticas classificatórias (2,5%)	• Análise e compartilhamento de *feedbacks* quanto à contribuição (75%) • Análise de resultados apoiada em dados qualitativos (72,5%) • Foco no aconselhamento a partir de *feedbacks* (72,5%) • Estímulo à proatividade (55%) • Estímulo à autonomia (47,5%) • Foco no desenvolvimento (37,5%)

cont.

Julgamento	Diálogo
Posturas tradicionais	Posturas avançadas
• Ausência de transgressão de normas burocráticas (5%) • Foco em metodologias comparativas (20%)	• Transgressão de normas, quando necessário, para facilitar o alcance de resultados (22,5%) • Ausência de comparação entre pessoas (2,5%)

Além dessas posturas, diretamente vinculadas às premissas que norteiam as organizações de alto desempenho, também foram pesquisadas posturas comumente observadas quando se avalia o desempenho de pessoas:

Posturas tradicionais
• Valorização da indicação de pessoas influentes (5%)
• Estímulo à punição por resultados não alcançados (0%)
• Foco da avaliação restrito às pessoas que não exercem liderança (0%)
• Acompanhamento de resultados de modo autoritário (2,5%)

Posturas avançadas
• Foco em melhorias visando o desenvolvimento (82,5%)
• Estímulo ao autogerenciamento (72,5%)
• Foco na criação de clima de confiança (52,5%)
• Foco na avaliação da liderança e da equipe (45%)
• Foco na criação do clima de abertura (42,5%)

Hipóteses

Apoiado no método *survey*, o estudo de caso foi operacionalizado através de um levantamento descritivo, centrado em variáveis que influenciam de modo relevante os avanços na gestão de resultados humanos.

As hipóteses que orientaram a análise dos dados obtidos foram as seguintes:

• Posturas organizacionais e gerenciais que estimulam tanto a busca da excelência de resultados quanto o bem-estar pessoal favorecem avanços em práticas de gestão de resultados humanos.
• Posturas organizacionais e gerenciais que buscam a substituição do julga-

mento pelo diálogo favorecem avanços em práticas de gestão de resultados humanos.
- Posturas organizacionais e gerenciais que estimulam fontes múltiplas de avaliação favorecem avanços em práticas de gestão de resultados humanos.
- Posturas gerenciais que estimulam o comprometimento com resultados através do envolvimento favorecem avanços em práticas de gestão de resultados humanos.
- Quanto maior a centralização do poder decisório, menor o envolvimento.
- Quanto maior a disseminação de informações, maior o envolvimento.
- Quanto maior a intensificação do conhecimento, maior o envolvimento.
- Quanto maior o vínculo entre resultados e recompensas, maior o envolvimento.

Amostra e coleta de dados

O processo de seleção da amostra privilegiou pessoas familiarizadas com a prática de avaliação de resultados na empresa. Outra exigência foi o voluntariado. Em decorrência, aproximadamente 10% das pessoas da empresa participaram do estudo de caso em questão. O tempo reduzido para a coleta de dados e a neutralização de respostas tendenciosas de apenas uma categoria funcional foram vantagens relevantes que se procurou potencializar escolhendo-se este método da amostragem.

A contextualização da Ponte S.A. na prática de avaliação de resultados, desde a sua origem até os dias atuais, foi obtida em conversas informais com integrantes da empresa. Quanto à obtenção de insumos referentes às percepções das pessoas sobre as práticas adotadas hoje, foi realizada uma pesquisa de campo a fim de comparar semelhanças e diferenças, através da aplicação de um questionário estruturado, tendo em vista principalmente a redução do tempo da coleta de dados e a impessoalidade.

Os critérios que nortearam a seleção do conteúdo desse instrumento de coleta de dados apoiaram-se em experiências profissionais e, sobretudo, na bibliografia mencionada neste livro, principalmente no que diz respeito a:

- desafios organizacionais impostos por macromudanças;
- organizações de alto desempenho;
- impactos da descentralização do poder, do acesso a informações, da intensificação do conhecimento e das recompensas no comprometimento com resultados, segundo E. E. Lawler III;
- tendências vinculadas a sistemas de gerenciamento do desempenho humano.

Limitações

Algumas limitações — especificamente as de origem bibliográfica — tornaram o processo de desenvolvimento da dissertação que deu origem a este livro mais lento do que o previsto. O acesso às fontes primárias — necessárias à análise da ideia central do pensamento de Edward E. Lawler III e das *high-performance organizations* — foi o primeiro obstáculo enfrentado.

Apesar de recente, a obra desse autor abrange cerca de 25 livros e 200 artigos técnicos. A escassez de suas publicações no Brasil — tanto originais quanto traduzidas —, a inexistência desses originais nas bibliotecas brasileiras e dificuldades para solicitar o empréstimo dessas publicações a bibliotecas de universidades norte-americanas formaram uma barreira que exigiu tempo para ser superada. Apesar das dificuldades, foi possível adquirir a maioria das publicações. Segundo funcionários da livraria norte-americana Barnes & Noble da cidade de Austin, no Texas (EUA), a aquisição da obra completa atualmente é inviável, pois alguns livros e artigos se encontram esgotados.

Os maiores problemas, porém, foram os vinculados à pesquisa de campo. A dificuldade de obter permissão para pesquisar o tema "gestão de resultados" em várias empresas que antecederam o contato com a Ponte S.A. evidenciou a resistência que o assunto desperta. Aliado a essa dificuldade, surgiu um outro obstáculo: a identificação de uma empresa que, além de investir em avanços na gestão de resultados humanos, tivesse abertura suficiente para disponibilizar informações empresariais relevantes. Em algumas empresas, apesar de o processo de avaliação existir, pôde-se perceber que as negativas deviam-se ao medo de expor mazelas empresariais. Como se fosse possível existir uma empresa perfeita!

Na maioria das empresas brasileiras, a avaliação de resultados de pessoas não é uma realidade — o que não surpreende. A resistência empresarial a isso é um fato perfeitamente compreensível, se pensarmos nos efeitos negativos resultantes de práticas implantadas sem os devidos cuidados. É provável que, em outros países, situações semelhantes também ocorram. Apesar de as demandas do contexto de negócio sinalizarem a importância de se empreender esforços focados em patamares crescentes de qualidade e produtividade, as empresas, de modo geral — influenciadas por paradigmas mecanicistas —, privilegiam uma visão tecnicista de gestão de pessoas.

Estrutura do questionário

O questionário foi dividido em duas partes: uma destinada à caracterização da amostra e à postura empresarial quanto à finalidade da avaliação de resultados; e outra voltada para a obtenção de informações sobre posturas gerenciais que fortalecem modos tradicionais e avançados de gerir resultados humanos. No que diz respeito à segunda parte, as variáveis foram agrupadas em oito questões, com o objetivo de obter dados relativos às posturas organizacionais e gerenciais vinculadas à busca da sustentação da competitividade, ao gerenciamento do processo de gestão de resultados, à obtenção de informações úteis à valorização e ao reconhecimento, e à busca do comprometimento com resultados.

Validação e aplicação do questionário

Realizou-se um teste piloto com 15 pessoas que trabalham em instituições públicas e privadas, no Rio de Janeiro, objetivando verificar a clareza e a precisão dos termos empregados no instrumento de avaliação. Após a análise estatística dos resultados e a implementação dos ajustes necessários, o referido instrumento foi ainda submetido a outro processo de análise, a fim de assegurar a adequação do conteúdo do questionário à realidade da empresa pesquisada.

A metodologia adotada procurou não interferir demais na rotina de trabalho das pessoas na empresa. A maioria dos questionários foi preenchida mediante contatos diretos com os voluntários, que se dispuseram a preenchê-lo e devolvê-lo de imediato. Porém, outros voluntários, apesar de se disporem a participar da pesquisa, não puderam preencher o questionário imediatamente em função do trabalho e o entregaram posteriormente.

Tratamento estatístico

Tendo em vista a natureza dos fatores para analisar cada uma das hipóteses — nível de mensuração qualitativo (nominal) —, além dos resultados percentuais, decidiu-se calcular a chance de observar posturas avançadas e tradicionais, expressas pela razão f/g, visando possibilitar o tratamento estatístico dos dados contidos nos questionários.

Resultados obtidos

É importante destacar que a pesquisa revelou um número significativo de evidências de avanços nas práticas de gestão de resultados, principalmente no que tange ao acompanhamento e à análise de resultados, à disseminação de informações, à prática do diálogo e à intensificação do conhecimento. O foco no desenvolvimento é uma evidência de avanço marcante.

As pessoas pesquisadas revelaram que, na Ponte S.A., predominam práticas de gestão de resultados que estimulam avanços, particularmente aquelas relacionadas à disseminação de informações e à intensificação do conhecimento. Entretanto, essas práticas convivem com posturas consideradas tradicionais, como a centralização do poder e a obtenção de informações para subsidiar o reconhecimento e a valorização.

As evidências revelam diferenças significativas aparentemente paradoxais. Enquanto, por um lado, os pesquisados consideram as posturas relativas ao acompanhamento de resultados como a maior evidência de avanço, por outro, verifica-se que a não transgressão de normas para facilitar o atingimento dos resultados desejados aparece como uma das posturas mais tradicionais.

Certas evidências de avanços não surpreendem, em face das premissas empresariais adotadas, como as relacionadas à presença do diálogo tanto no acompanhamento quanto na análise de resultados.

A surpresa ficou por conta da preocupação exclusiva com resultados financeiros e da despreocupação com o alinhamento de necessidades empresariais e individuais demonstradas por alguns líderes, segundo os pesquisados.

Outra surpresa — mais acentuada, considerando-se que 80% dos pesquisados mencionaram a adoção da prática da avaliação 360 graus — foi a reduzida proporção de pessoas avaliadas pelos pares, pelas pessoas que usufruem os serviços da empresa e pelo cliente, segundo as mesmas pessoas que compuseram a amostra.

Em linhas gerais, segundo os dados pesquisados, a Ponte S.A. revelou uma realidade organizacional alinhada com as tendências contemporâneas de avaliação — *posturas organizacionais e gerenciais que enfatizam tanto a busca da excelência de resultados quanto o bem-estar das pessoas na busca de patamares crescentes de desempenho competitivo*. Porém, algumas considerações merecem destaque:

Busca da excelência de resultados

Na perspectiva do processo de gestão de resultados, destacam-se avanços nas posturas organizacionais e gerenciais vinculadas ao acompanhamento, apesar das significativas evidências de avanços relacionadas com o planejamento. Entre as posturas diretamente vinculadas ao processo da busca da excelência de resultados, as que se referem à avaliação propriamente dita requerem um nível maior de intervenção, objetivando a implementação de melhorias.

Planejamento de resultados

Apesar de o planejamento de resultados constituir a base do processo de busca da excelência de resultados, 85% investem nessa prática.

Acompanhamento de resultados

Os pesquisados são quase unânimes em afirmar que a liderança se destaca pela ênfase no acompanhamento. Praticamente todos os pesquisados (97,5%) concordaram que essa prática evidencia avanços significativos e salientaram que as práticas adotadas agregam valor aos resultados empresariais. Apenas uma pessoa afirmou que a liderança não utiliza o acompanhamento como um instrumento de gestão que favorece a excelência. Ainda assim, 65% revelaram que acompanham o processo de geração de resultados, em contraposição a 2,5% que afirmaram que apenas os líderes destacam exclusivamente os resultados finais.

Análise de resultados

Entre os pesquisados, 95% asseguraram que prevalecem na empresa posturas dirigidas à obtenção de subsídios para a avaliação dos resultados planejados e somente 5% discordaram dessa percepção.

Avaliação de resultados

De acordo com a opinião de 80% dos entrevistados, a prática da avaliação de resultados de pessoas e equipes — uma das exigências do atual contexto de negócios — encontra-se enraizada na cultura da empresa.

Bem-estar das pessoas

Embora a variável "humanização no trabalho" esteja vinculada a inúmeras outras variáveis de naturezas distintas — principalmente filosóficas, sociológicas e psicológicas —, por definição operacional ela se evidencia na preocupação da liderança com ideias e sentimentos pessoais na busca da excelência de resultados.

Neste estudo de caso, a preocupação com o bem-estar das pessoas fundamenta todas as outras posturas organizacionais e gerenciais, quando se trata de avaliar resultados. Isso evidencia a necessidade de avanços, de modo a ampliar o alinhamento entre necessidades organizacionais e individuais — uma exigência dos novos paradigmas de gestão.

Pouco mais da metade das pessoas pesquisadas (52,5%) ressaltou que os líderes têm essa postura, enquanto apenas 5% afirmaram que os líderes preocupam-se exclusivamente com resultados financeiros.

Sugestões de melhorias

No que diz respeito à prática do planejamento de resultados, a pesquisa permite sugerir três medidas de intervenção, visando principalmente a obtenção de patamares crescentes de desempenho competitivo:

- elevação do nível de agregação de valor das contribuições de pessoas e equipes aos resultados empresariais;
- ampliação do foco no cliente;
- aumento da interdependência de resultados.

Ilustrando tais afirmações, 52,5% da amostra afirmaram que apenas 21 pessoas em 46 estimulam a busca de resultados com foco no cliente, enquanto 27,5% revelaram que ela privilegia o atendimento das exigências do cargo ao planejar resultados. Outros 25% salientaram que os líderes verificam o nível de agregação de valor dos resultados individuais e de equipes aos empresariais.

A pesquisa revelou que, para 5% da amostra, a preocupação da empresa concentra-se no aperfeiçoamento metodológico e técnico do processo de avaliação. Já 27,5% da amostra declararam que a interdependência de resultados tem escassa chance de vir a ocorrer. Ratificando, 7,5% da amostra têm a percepção de que os líderes estimulam o alcance de resultados de modo independente, desfavorecendo a construção de parcerias, necessárias à excelência organizacional.

Para 25% dos pesquisados, as posturas vinculadas à avaliação de resultados vêm sendo praticadas de modo tradicional — os líderes verificam o nível de agregação de valor de pessoas e equipes ao negócio. Ratificando essa afirmação, 5% da amostra atestaram que a liderança se preocupa exclusivamente com o aperfeiçoamento dos aspectos metodológicos e técnicos da avaliação — uma postura que constitui um sério obstáculo à obtenção da excelência de resultados.

No tocante ao bem-estar das pessoas, 40% dos pesquisados apontaram o alinhamento de necessidades organizacionais e individuais como um obstáculo à sustentação da vantagem competitiva e também destacaram que os líderes têm essa postura fundamental para o comprometimento com resultados, o que revela uma situação não favorável aos avanços de práticas de gestão de resultados, da perspectiva dos novos paradigmas de gestão de E. E. Lawler III.

Em linhas gerais, em se tratando de *posturas organizacionais e gerenciais que buscam a substituição do julgamento pelo diálogo*, os pesquisados assinalaram que as posturas de liderança favoráveis ao diálogo superam aquelas que favorecem o julgamento.

Esse resultado evidencia que há uma probabilidade significativamente maior de as posturas tradicionais que fortalecem o julgamento virem a ser substituídas por outras que estimulam o diálogo, principalmente no tocante ao exercício do poder da liderança. O estímulo ao diálogo é explicitado de modo relevante no que se refere às posturas gerenciais para gerir resultados, em especial no tocante ao acompanhamento de resultados. Aliás, uma situação já esperada, em face dos resultados obtidos em relação às posturas anteriormente analisadas.

Especificamente, 82,5% dos pesquisados afirmaram que os líderes estimulam o diálogo ao avaliar resultados, 80% explicitaram que acompanham resultados e 75% asseguraram que a maioria analisa contribuições ao negócio e compartilha *feedbacks* com os envolvidos — afirmações que corroboram as evidências de posturas avançadas.

Outra evidência de avanço relacionada com o diálogo merece destaque: 72,5% ressaltaram que os líderes adotam o *feedback* — um dos mais avançados modos de gestão de resultados — como instrumento de gestão para estimular melhorias de *performance*. Essa constatação revela uma realidade organizacional empenhada em favorecer a criação de condições capazes de propiciar níveis crescentes de resultados competitivos. Em contraposição, 37,5% dos pesquisados afirmaram que a liderança insiste na busca da identificação de problemas e discrepâncias — um modo tradicional de gerenciar resultados.

Mais uma evidência de avanço foi revelada por 72% dos pesquisados: líderes se apoiam em dados qualitativos da avaliação para subsidiar o fornecimento de *feedbacks* e ressaltam, dessa forma, uma das tendências emergentes da gestão de resultados. Em contrapartida, 40% afirmaram que os líderes analisam resultados apoiados em dados quantitativos, o que denota a presença da tradicional postura de busca do padrão e de excessiva objetividade na avaliação do desempenho humano, típica do mecanicismo.

Outra postura gerencial favorável aos avanços foi apontada por 55% dos entrevistados ao afirmarem que os líderes estimulam a proatividade. Essa constatação foi ratificada por 27,5% dos pesquisados, quando destacaram que os líderes ainda se encontram prisioneiros do mecanicismo, obedecendo de modo excessivo a normas e regras, em detrimento da busca da excelência de resultados.

Inesperadamente, 47,5% afirmaram que os líderes não estimulam a autonomia. A pessoa que vinha enfatizando a presença de posturas tradicionais relacionadas com a gestão de resultados afirmou que o controle hierárquico *top-down* — prática que bloqueia visivelmente o diálogo — permeia o processo de acompanhamento na empresa.

Quase a metade da amostra, 42,5%, concorda que os líderes não contribuem para a criação de um clima de abertura na empresa durante o processo de acompanhamento de resultados. O estímulo ao desenvolvimento através da valorização de diferenças individuais, segundo 37,5% dos pesquisados, ainda não é uma realidade empresarial: alguns líderes comparam pessoas. Fortalecendo essa situação, 20% asseguraram que um em cada seis líderes recorre à tradicional busca de medidas objetivas para comparar pessoas.

Outra postura gerencial tradicional foi apontada por 22,5% da amostra, ao salientarem que nem sempre as normas são transgredidas para facilitar o alcance de resultados.

Quanto às *posturas organizacionais e gerenciais que estimulam o olhar plural*, antes de tudo vale destacar uma característica empresarial marcante na Ponte S.A.: nenhum pesquisado declarou haver resistência à avaliação 360 graus. A maioria dos participantes da amostra (80%) afirmou que quase todos os líderes praticam esse tipo de avaliação, o que revela que o olhar plural na avaliação não é uma utopia.

Outras três evidências de avanços emergiram no tocante à prática da avaliação 360 graus. Primeiro, quase a totalidade da amostra, 82,5%, salientou que a empresa se preocupa em estimular melhorias. E mais: 40% dos pesquisados apontaram o estímulo ao autogerenciamento como uma característica empresarial relevante. Terceiro, 52,5% asseguraram que buscam criar um clima de confiança.

A pesquisa revelou mais um fato inesperado. Nem todas as pessoas têm seus resultados avaliados simultaneamente pela liderança, pelos pares, pelos clientes e por todas as demais pessoas afetadas pelos respectivos resultados — condições *sine qua non* para uma avaliação 360 graus.

Apesar de o empate estatístico no que diz respeito às fontes de informações que subsidiam decisões de valorização e reconhecimento ser um resultado esperado em se tratando da avaliação 360 graus, tal não ocorreu — menos da metade dos entrevistados respondeu afirmativamente a essa questão.

Como era de se esperar, os dados revelaram que 100% das pessoas que rejeitam a prática da avaliação 360 graus utilizam a liderança como fonte exclusiva para obter informações sobre avaliação de resultados.

Outras conclusões da pesquisa chamam a atenção. Se, por um lado, 100% dos pesquisados afirmaram que todas as pessoas da empresa têm seus resultados avaliados, por outro, apenas 45% garantiram que as pessoas e as equipes são o foco da avaliação, numa proporção de nove em cada 20, enquanto outros 40% sustentaram que nem sempre os líderes são avaliados. Essa realidade revela necessidades de ajuste, na medida em que, além de a avaliação de resultados ser uma exigência do contexto de negócios atual, esta atende a uma das demandas de um dos princípios da nova lógica de gestão, segundo Lawler: *todos devem agregar valor à organização.*

Em linhas gerais, apesar da disposição da empresa de evoluir na área da gestão de resultados, há claros indícios de que o olhar plural na avaliação de resultados ainda não é uma realidade, especialmente no que se refere à avaliação 360 graus. Isso evidencia a necessidade de significativos ajustes nesta direção, de modo a permitir mais avanços, além dos limites permitidos pelo mecanicismo.

Quanto *às posturas organizacionais e gerenciais que estimulam o comprometimento com resultados através do envolvimento*, há na Ponte S.A. evidências de avanços na descentralização do poder decisório, no acesso às informações, na intensificação dos conhecimentos, na vinculação de resultados e recompensas. Mas, cabe detalhar as diferenças de intensidade de tais avanços.

Centralização do poder decisório

Para 75% dos pesquisados, a descentralização da tomada de decisão é uma característica empresarial relevante, capaz de estimular o envolvimento.

Sugestões de melhorias

Segundo o que afirmaram 48% dos pesquisados, ainda permanecem na empresa resquícios da visão tradicional no que diz respeito à exclusão de pessoas de decisões que possam extrapolar o âmbito de suas tarefas. Com base nas percepções dessas pessoas, os líderes estimulam a participação em decisões tanto estratégicas quanto vinculadas ao trabalho. Mesmo a participação em decisões relacionadas com o trabalho — possibilidade que representa um discreto avanço, segundo 32,5% dos participantes — é restrita.

Outra evidência da força do mecanicismo na gestão de resultados na empresa é exemplificada pelas probabilidades de participação das pessoas na definição de resultados, embora 45% dos pesquisados tenham afirmado que estes são definidos por consenso.

Quanto à elaboração de planos de trabalho, 35% afirmaram que as pessoas constroem seus planos de trabalhos a partir dos subsídios gerados por resultados de avaliações.

Apenas 32,5% da amostra apontaram a ênfase na negociação de resultados como uma característica empresarial relevante.

Disseminação de informações

Praticamente a totalidade da amostra — 92,5% — afirma que os líderes enfatizam a disseminação de informações. Quanto à forma de disseminação, 65% declararam que o *feedback* é o meio mais usual de compartilhar resultados de trabalho. Complementando, outros 7,5% informaram que os resultados são disseminados através de meios formais de comunicação tradicionais.

Vale salientar que, entre as pessoas que concordaram acerca da circulação de informações, mais da metade, 57,5%, afirmaram que os líderes disseminam informações relevantes tanto de natureza estratégica, quanto vinculadas ao trabalho. Porém, convém salientar que um percentual significativo de pessoas, 40%, afirmou que dois, em cada sete líderes, restringem a circulação de informações àquelas relacionadas ao trabalho, o que provavelmente dificulta a qualificação multifuncional exigida pelo contexto de negócio globalizado e afetado por avanços tecnológicos.

Intensificação do conhecimento

Segundo 85% da amostra, os líderes incentivam investimentos na ampliação de conhecimentos. E desse total, 55% afirmaram que os líderes priorizam a qualificação multifuncional.

Por outro lado, 2,5% discordaram dessa preocupação empresarial, enquanto 60% afirmaram que os líderes privilegiam investimentos destinados ao aperfeiçoamento do trabalho — hoje considerado um modo tradicional de gerenciar melhorias de resultados em face da exigência de qualificação multifuncional demandada pelos desafios da competitividade.

Vinculação de resultados e recompensas

De acordo com os resultados da pesquisa, para 60% dos pesquisados, os líderes vinculam resultados e recompensas. Outros 50% destacaram que a motivação para o trabalho é estimulada por recompensas extrínsecas e intrínsecas em iguais proporções.

Sugestões de melhorias

A percepção dos pesquisados sinaliza com clareza a importância de serem implementados mecanismos motivacionais capazes de estimular a excelência de resultados.

O empate estatístico revelado na pesquisa comprova essa afirmação. Entre os pesquisados, 32,5% declararam que os líderes valorizam contribuições ao negócio, enquanto 5% disseram que a empresa privilegia a senioridade. Percentual semelhante de pesquisados, em proporção idêntica, afirmou que a busca de desenvolvimento pessoal não é valorizada pela liderança. Em contrapartida, 30% assinalaram que os líderes valorizam o cumprimento de responsabilidades, postura tipicamente mecanicista e, portanto, tradicional.

Um pequeno percentual — 7,5% — das pessoas pesquisadas afirmou que os líderes valorizam e reconhecem, exclusivamente, com base em resultados.

Se, por um lado, significativos ajustes devem ser implementados a fim de ampliar a vinculação entre resultados e recompensas, todos os pesquisados foram unânimes em afirmar que a empresa não estimula a punição quando os resultados desejados não são atingidos.

Referências bibliográficas

Aktouf, Omar. *A administração entre a tradição e a renovação*. São Paulo, Atlas, 1996.

Barbosa, Lívia. *Igualdade e meritocracia: a ética do desempenho nas sociedades modernas*. Rio de Janeiro, FGV, 1999.

Bergamini, Cecília Whitaker. *Avaliação do desempenho humano na empresa*. São Paulo, Atlas, 1988.

Böhmerwald, Pedro. *Gerenciando o sistema de avaliação de desempenho*. Belo Horizonte, UFMG/Escola de Engenharia, Fundação Christiano Ottoni, 1996.

Burrell, G. & Morgan, G. *Sociological paradigms and organizational analysis*. London, Heineman, 1979.

Caillé, A. *Critique de la raison utilitaire. Manifest du Mauss*. Paris, La Découverte, 1989.

Chanlat, J.-F. & Séguin, F. *L'analyse des organisations: une anthologie sociologique*. Montreal, Gaëtan Morin, 1987.

Coopers & Lybrand. *Remuneração estratégica*. São Paulo, Atlas, 1996.

Daniels, John L. & Daniels, N. Caroline. *Visão global: criando novos modelos para as empresas do futuro*. São Paulo, Makron Books, 1996.

Davel, Eduardo Paes Barreto & Vasconcellos, João Gualberto M. (orgs.). *Recursos humanos e subjetividade*. Petrópolis, Vozes, 1995.

Deming, William Edwards. *Qualidade: a revolução da administração*. Rio de Janeiro, Marques-Saraiva, 1990.

Drucker, Peter F. *Administrando para o futuro: os anos 90 e a virada do século*. São Paulo, Pioneira, 1992.

———. *O líder do futuro*. São Paulo, Futura, 1996.

Galbraith, Jay R. & Lawler III, Edward E. *Organizando para competir no futuro*. São Paulo, Makron Books, 1995.

Gouillart, Francis J. & Kelly, James N. *Transformando a organização*. São Paulo, Makron Books, 1995.

Hesselbein, Marshall Goldsmith & Beckard, Richard. *A organização do futuro: como preparar hoje as empresas de amanhã*. São Paulo, Futura, 1997.

Japiassú, Hilton & Marcondes, Danilo. *Dicionário de filosofia*. Rio de Janeiro, Jorge Zahar, 1989.

Jenkin, Bill & Gray, Andrew. *A avaliação do usuário: a experiência do Reino Unido*, 1993.

Kuhn, Thomas S. *A estrutura das revoluções científicas*. São Paulo, Perspectiva, 1996.

Lawler III, Edward E. *From the ground up: six principles for building the new logic corporation*. San Francisco, Calif., Jossey-Bass, 1996.

─────, with Susan Albers Mohrman and Gerald E. *Ledford. Strategies for high performance organizations — the CEO report: employee involvement, TQM, and reengineering programs in Fortune 1000 corporations*. San Francisco, Calif., Jossey-Bass, 1998.

Lucena, Maria Diva. *Avaliação de desempenho*. São Paulo, Atlas, 1995.

Masi, Domenico de. *O futuro do trabalho: fadiga e ócio na sociedade pós-industrial*. Rio de Janeiro, José Olympio; Brasília, UnB, 2000.

Mohrman, Allan; Resnick-West, Susan M. & Lawler III, Edward E. *Designing appraisals and organizational realities*. San Francisco, Calif., Jossey-Bass, 1989.

Morin, Edgar. *O pensar complexo*. Rio de Janeiro, Garamond, 1999.

Moscovici, Fela. *Desenvolvimento interpessoal*. Rio de Janeiro, José Olympio, 1997.

Motta, Paulo Roberto. *Gestão contemporânea: a ciência e arte de ser dirigente*. Rio de Janeiro, Record. 1996.

─────. *Transformação organizacional: a teoria e a prática de inovar*. Rio de Janeiro, Qualitymark, 1997.

Naisbitt, John. *Megatendências*. São Paulo, Abril Cultural, 1982.

─────. *Macrotendências*. Lisboa, Presença, 1988.

Pastore, José Carlos. *O desemprego tem cura?* São Paulo, Makron Books, 1998.

Peck, C. A. *Pay and performance: the interaction of compensations and performance appraisal*. New York, Conference Board, 1984. (Research Bulletin, 155.)

Perrow, C. *Complex organizations: a critical essay*. New York, Random House, 1986.

Rischer, Howard & Fay, Charles. *The performance imperative: strategies for enhancing workforce effectiveness*. San Francisco, Calif., Jossey-Bass, 1995.

Sachs, Randi Toler. *Como gerenciar o desempenho e a produtividade*. Rio de Janeiro, Campus, 1995.

Schwartz, Peter. *A arte da previsão*. São Paulo, Página Aberta, 1995.

Sharp, Anna. *A empresa na era do ser*. Rio de Janeiro, Rocco, 1999.

Silva, Benedicto (org.). *Dicionário de ciências sociais*. Rio de Janeiro, FGV, 1986.

Souza, Maria Zélia de Almeida & Souza, Vera Lúcia. Gestão do desempenho humano e sistemas de remuneração. In: *Gestão de recursos humanos*. Rio de Janeiro, Senai, 1998. (Série Senai Formação de Formadores.)

Subirats, Joan. *Análisis de políticas públicas y eficacia de la administración*. Madrid, Inap, 1989.

Vroom, Victor H. *Gestão de pessoas, não de pessoal*. Rio de Janeiro, Campus, 1997.

Este livro foi impresso nas oficinas gráficas da Editora Vozes Ltda.,
Rua Frei Luís, 100 – Petrópolis, RJ.